Ingeborg Bachmann
Römische Reportagen

Zu diesem Buch

Sie besaß alles, was eine exzellente Korrespondentin aus-
zeichnet: Sie sprach perfekt italienisch und verfügte über
profunde Kenntnisse der Politik und Kultur Italiens,
wohin sie schon im Spätsommer 1953 übersiedelt war –
Ingeborg Bachmann, eine der größten Dichterinnen un-
seres Jahrhunderts. Für Radio Bremen war das Engage-
ment der damals noch weitgehend unbekannten Autorin
ein reiner Glücksfall. Präzise und souverän berichtete sie
in den darauffolgenden zwei Jahren unter dem Pseudonym Ruth Keller über beinahe jedes Thema des Tages-
geschehens, über mysteriöse Kriminalfälle oder an-
gebliche kommunistische Umsturzversuche, über die
U-Bahn, die Mafia oder Filmstars. Die nach über vierzig Jahren wiederentdeckten Texte zeigen eine kaum
bekannte Seite der Lyrikerin und dokumentieren stim-
mungsvoll die Atmosphäre der fünfziger Jahre in Ingeborg Bachmanns zweiter Heimat.

Ingeborg Bachmann, am 25. Juni 1926 in Klagenfurt geboren, Lyrikerin, Erzählerin, Hörspielautorin, Essayistin.
1952 erste Lesung bei der Gruppe 47. Zahlreiche Preise.
Sie lebte nach Aufenthalten in München und Zürich
viele Jahre in Rom, wo sie am 17. Oktober 1973 starb.

Ingeborg Bachmann
Römische Reportagen

Eine Wiederentdeckung

Herausgegeben und mit einem
Nachwort von Jörg-Dieter Kogel

Piper München Zürich

Von Ingeborg Bachmann liegen in der Serie Piper außerdem vor:
Die Hörspiele (139)
Frankfurter Vorlesungen (205)
Die gestundete Zeit. Gedichte (306)
Anrufung des Großen Bären. Gedichte (307)
Liebe: Dunkler Erdteil. Gedichte (330)
Wir müssen wahre Sätze finden. Gespräche und Interviews (1105)
Die Fähre. Erzählungen (1182)
Simultan. Erzählungen (1296)
Das dreißigste Jahr. Erzählungen (1509)
Mein erstgeborenes Land. Gedichte und Prosa aus Italien (1354)
Werke (4 Bände, 1700)
Von den Linien der Wirklichkeit (1747)
Gedichte, Erzählungen, Hörspiel, Essays (2028)
Sämtliche Erzählungen (2218)
Sämtliche Gedichte (2644)
Das Buch Franza (Das »Todesarten«-Projekt in Einzelausgaben, 2608)
Requiem für Fanny Goldmann. (Das »Todesarten«-Projekt
in Einzelausgaben, 2748)

Über Ingeborg Bachmann liegt in der Serie Piper außerdem vor:
Kein objektives Urteil – nur ein lebendiges
(Hrsg. v. Christine Koschel und Inge von Weidenbaum, 792)

Ungekürzte Taschenbuchausgabe
Januar 2000
© 1998 Piper Verlag GmbH, München
© der Artikel für die »WAZ«:
Westdeutsche Allgemeine Zeitung, Essen
Umschlag: Büro Hamburg
Stefanie Oberbeck, Katrin Hoffmann
Umschlagfoto: Heinz Bachmann
Satz: Satz für Satz. Barbara Reischmann, Leutkirch
Druck und Bindung: Clausen & Bosse, Leck
Printed in Germany   ISBN 3-492-22938-7

Inhalt

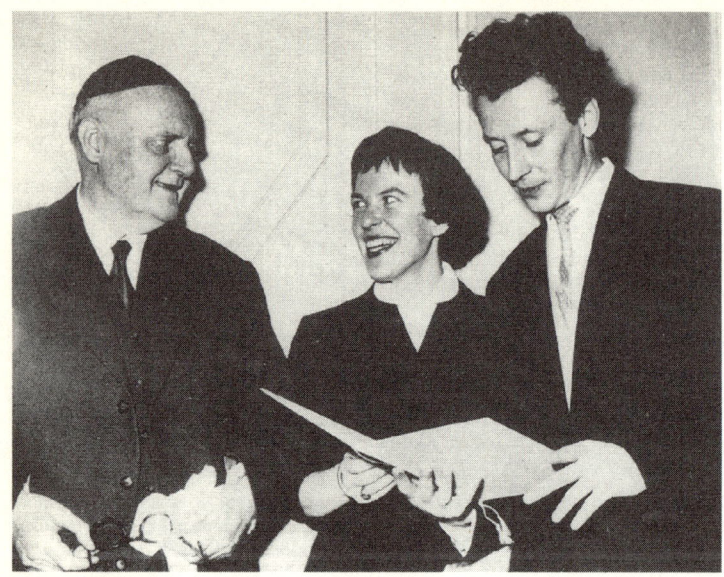

Rudolf Alexander Schröder freut sich mit Ingeborg Bachmann und
Gerd Oelschlegel bei der Überreichung des Bremer Literaturpreises
im Januar 1956.

Bild: Rosemarie Fleischer

Römische Reportagen

Hörfunkstudio
in den 50er Jahren

Bild: Radio Bremen

Das Gebiet um Modena und die »rote« Emilia befinden sich im Alarmzustand. Das Auftreten des gleichen Parasiten, der vor zwei Jahren furchtbare Vergiftungen in zwei Städten Südfrankreichs hervorgerufen hat, wird aus mehreren Teilen dieser italienischen Provinzen gemeldet. Schon hat der Parasit, der Pilz des Wahnsinns, einen großen Teil der Kornfelder verheert und auch die Getreidevorräte angegriffen. Als erste bemerkten vor einigen Tagen Mühlenbesitzer den Pilz in ihren Lagern. Die Untersuchungen im Laboratorium der agrarischen Versuchsstation Modena ergaben einwandfrei, daß es sich um den Parasiten »Sphacelia segetum« handelt, im Volksmund »Mutterkorn« genannt. Der Pilz enthält große Mengen eines Giftes, das auch in kleinsten Dosen genossen zum Tode führt. Die agrarische Versuchsstation hat sofort die Bauern, Müller, Getreidehändler und Bäcker zu größter Wachsamkeit aufgerufen. Das erkrankte Getreide erkennt man an der Violettfärbung der Körner und an ihrer leicht gebogenen Form. Aber es gibt keine Maschinen, um das kranke vom gesunden Korn zu trennen, da das spezifische Gewicht des erkrankten Getreides dem des gesunden gleich ist. Nur ein gewissenhaftes manuelles Aussortieren des Korns würde Sicherheit gewährleisten. Agrarminister Medici ist von der ernsten Lage in den beiden Provinzen verständigt worden. Der Schaden, der aus der Parasiteninvasion erwächst, kann unabsehbar sein, da allein in Modena 1 300 000 Doppelzentner Weizen eingelagert sind.

Zeit im Funk, 15. Juli 1954

Wenn man aus Italien das Wort »Streik« hört, ist man geneigt zu sagen: »Im Süden nichts Neues«. Die italienische Republik hat Tausende von Streiks zu verzeichnen — mehr Streiks als

Festtage im Jahr. Auch die Nachrichten über neue Lohnkämpfe bleiben in ihrer Substanz gleich. Es wandeln sich jedoch von Jahr zu Jahr die Formen – die äußeren Aspekte der Streiks. Ihre organisatorische Erscheinungsform läßt immer deutlicher sichtbar werden, wie sehr die kommunistische Partei Italiens einen Staat im Staat bildet.

Seit einiger Zeit zirkuliert nun in der italienischen KP, der zweitstärksten nach der sowjetischen, das Wort von der »dritten Revolution«. Gemeint ist der zukünftige »kalte Aufstand«, durch den das Leben der Republik abgedrosselt werden könnte, und zwar durch hochorganisierte Streiks, mehr noch: durch einen fast mathematisch exakt vorbereiteten Superstreik. Mit Hilfe dieser »dritten Revolution« hoffen die Kommunisten die Voraussetzungen zur »Machtübernahme« zu schaffen. Denn diese »dritte« Revolution unterscheidet sich, nach Analysen italienischer Kommunisten, von der ersten in den Jahren 1919/20 und von der zweiten der Jahre 1944/46 durch den Verzicht auf Improvisationen – durch den Verzicht, mit ungeschulten, rasch entzündbaren und ebenso rasch wieder abkühlenden Volksmassen zu »arbeiten«. Die »dritte Revolution« will ihre entscheidende Wirkung durch hochtrainierte Stoßtrupps und durch eine geschulte Reserve erzielen. Viele Anzeichen sprechen dafür, daß die Kommunisten in Italien ihren »Streik-Generalstab« und ihre »Streik-Divisionen« für so gut vorbereitet halten, daß die letzte Bewährungsprobe keine Sorge mehr zu machen brauche. In Rom, Mailand und anderen italienischen Städten fing es an. Äußerlich gesehen handelte es sich nur um Lohnkämpfe der Industriearbeiter, Autobusschaffner und Postarbeiter. Die Streiks flackerten teils gleichzeitig, teils nacheinander auf. Aber die politische Strategie wird erkennbar, wenn man den Zeitpunkt beachtet: Die Regierung Scelba bewegt sich augenblicklich in einem Engpaß. Die Alliierten drängen auf eine Lösung des Triestproblems. Wie auch immer diese Lösung beschaffen sein wird –

volkstümlich wird sie bestimmt nicht werden. Der Parteikongreß der Christlichen Demokraten hat Spaltungstendenzen evident werden lassen. Kammerpräsident Gronchi trat für eine Zusammenarbeit mit den Nenni-Sozialisten ein, Pella für ein Bündnis mit der Rechten. Die Monarchisten haben sich gespalten. So macht die gesamte bürgerliche Front einen verworrenen Eindruck. Die Kassandra-Rufe bester italienischer Publizisten, die der Regierung der Mitte nahestehen, werden immer lauter. Der römische »Tempo« schrieb über die neue Streikwelle: »Wir stehen in der Phase eines revolutionären Trainings. Die letzten Schützengräben des Bürgertums sollen bald gestürmt werden.«

Der sogenannte Durchschnittsitaliener ist sich über die neue Streikstrategie, die noch näher zu kennzeichnen sein wird, nicht klar. Für den Ausgang des Konflikts zwischen den beiden einzigen politisch relevanten Blöcken – nämlich der extremen Linken und der Mitte – könnte nur die Haltung des Kleinbürgertums entscheidend werden. Dies aber wendet sich von der Politik ab. Materielle Tagesfragen beherrschen sein Dasein. Durch die Erhöhung der Mieten für Altwohnungen wurde der Begriff »Regierung« wieder lebendig. Natürlich nicht zu deren Vorteil. Im übrigen beherrscht die Tour de Suisse mit den Chancen des Meisterathleten Italiens, Fausto Coppi, die Vorstellungswelt des kleinen Mannes. Ihn ergreift es, wie dieser populäre Matador erfahren muß, daß sein Stern zu sinken beginnt, daß er vielleicht – wie weiland Samson – einer Liebesaffäre wegen seinem Ehrgeiz eine andere Richtung gegeben hat. Tagesgespräch ist auch die überraschende Wende im Montesi-Skandal: die Durchsuchung der Redaktion der »Attualità«, der Zeitschrift des Journalisten Muto, der den »Fall« ins Rollen brachte, und die Verhaftung seiner zweiten Kronzeugin Adriana Bisaccia. In dieser anscheinend ganz unpolitischen Atmosphäre, dieser politischen Windstille geht das große kommunistische Streik-Sommer-Manöver so gut wie unangefochten weiter.

Wie lange wird man Catilina noch gewähren lassen? Scelbas Politik, den Staat mehr zu verwalten als zu lenken, wurde bisher als geschickt bezeichnet. Doch nur für eine gewisse Übergangszeit schien diese Politik nützlich. Jetzt wird die Kritik wach. In mehr als 3000 Fabriken erhielten die Arbeiter Vorschüsse auf höhere Löhne. Die Antwort der kommunistischen Gewerkschaften lautete: »Neue Streiks in Rom, Florenz, Turin, Verona!« »Unsere Streiks«, sagte neulich ein italienischer Abgeordneter, »sind das, was für Frankreich Indochina war. Der Staat wird lungenkrank ...«

Zeit im Funk, 10. August 1954

Mit Spannung erwartet Rom die offizielle Veröffentlichung der neuen britisch-amerikanischen Vorschläge zur Lösung des Triestproblems. Man fragt sich vor allem, wie die italienische Regierung zu diesen Vorschlägen Stellung nehmen wird – ob sie sie annehmen kann, und wenn ja, wie sie die Annahme vor dem italienischen Volk rechtfertigen wird. Man weiß nämlich jetzt schon, daß die Vorschläge vom Inhalt der Dreiererklärungen nicht wesentlich abweichen. Das heißt: Die Zone A würde an Italien, die Zone B an Jugoslawien fallen, wobei beide Zonen kleinere Korrekturen zugunsten Italiens, beziehungsweise Jugoslawiens erfahren sollten. Tito soll sich damit schon einverstanden erklärt haben, verlangt aber, daß dieser Kompromiß zur Dauerlösung erklärt wird. Die Italiener sind mit der provisorischen Kompromißlösung unter Umständen einverstanden, wollen aber ihre Ansprüche auf die Zone B aufrechterhalten.

Die Verhandlungen fanden bisher auch in Rom unter Ausschluß der Öffentlichkeit statt. Im vorhinein behaupten die extreme Linke wie die extreme Rechte, Italien werde die größte diplomatische Niederlage der Nachkriegszeit erleben, falls es endgültig mit der Teilung einverstanden sein sollte. Man spricht sogar davon, daß Außenminister Piccioni zurücktreten wolle, da er, wie eine ganze Reihe von christlich-demokratischen Abgeordneten des rechten Flügels der Partei, die neuen Vorschläge als unannehmbar bezeichne. Andererseits sind die reinen Fachleute der italienischen Außenpolitik sich darüber klar, daß ein weiterer Aufschub in der Triestfrage Italiens außenpolitische Aktivität auf anderen Gebieten so lähmen könnte, daß Tito immer größere Chancen hat, sein internationales Ansehen zu stärken. Der gleichen Ansicht sind wohl auch die Führer der Opposition. In ihrem Kampf gegen die gegenwärtige Regierungskoalition benutzen sie aber die italienischen Ressentiments um Triest als besonders wirksame magische Waffe. Und jahrelange Demagogie kann schließlich die Vernunft entthronen. Bemerkenswert ist in diesem Zusammenhang, was der als kluger, konservativer Politiker bekannte Augusto Gerriero in der »Epoca« schreibt: »Sprechen wir offen: Die Zone B ist seit langer Zeit verloren. Um sie wiederzuerlangen, wäre ein Krieg notwendig; wir wollen keinen Krieg, wie können auch keinen führen und die Westmächte sind nicht bereit, ihn für uns zu führen.«

Wie aber denkt die italienische Öffentlichkeit wirklich über das Triestproblem? Selbstverständlich spricht es bei vielen – auch bei vielen Nicht-Nationalisten – gefühlsmäßig eine große Rolle. Aber selbst diese »Herzensfrage« verliert an Bedeutung, sobald sie nicht propagandistisch aufgeworfen wird. Die Italiener haben mit ihren Alltagssorgen genug zu tun. Die Arbeitslosigkeit ist noch immer nicht geringer geworden, und die Preissteigerungen haben noch nicht aufgehört, wenn sie auch kein alarmierendes Ausmaß angenommen haben. Man weiß, daß siebzig Prozent der italienischen Arbeiter nicht mehr als 200 DM im Monat verdienen. Ein großer Teil der Bevölkerung kann sich für einen Stundenlohn zum Beispiel nur

100 g Butter oder 1 kg Spaghetti oder 1 kg Brot oder 125 g Rindfleisch oder 1 kg Obst kaufen.

Angesichts der hohen Preise und angesichts der Tatsache, daß die Hausbesitzer immer mehr bestrebt sind, ihre Altmieter, die niedrige blockierte Mieten zahlen, auf rechtlichem Wege zur Räumung zu zwingen – angesichts dessen also, daß für die meisten nun auch die Wohnungsmieten einen hohen Prozentsatz des Einkommens verschlingen, ist es ein Rätsel, wie die meisten leben können. So ist es nur zu verständlich, daß die finanziellen Jonglierkünste im Alltag das politische Interesse fast restlos absorbieren. Lohnstreiks können jeden Tag wieder ausbrechen. Und es könnte für die Scelba-Regierung gefährlich werden, wenn die linksextremistische Opposition diese sozialen Fragen mit politischen kombinierte – wenn sie etwa einen Kompromiß in der Triestfrage als einen neuen »dies ater«, als einen schwarzen Tag, bezeichnen und zu demagogischen Zwecken mißbrauchen würde.

Zeit im Funk, 11. August 1954

Rom hat heute morgen nach einem ereignisarmen Sommer einen »Colpo di scena« erlebt, einen Theatercoup in Form einer ebenso unerwarteten wie dramatischen Wendung im vielbesprochenen Fall Montesi. Die Nachforschungen um den geheimnisvollen Tod der schönen Römerin, die nach den Enthüllungen im Prozeß gegen den Journalisten Muto notwendig wurden, liegen schon seit einigen Wochen in der Hand des Untersuchungsrichters Raphael Sepe. Von seiner Arbeit, die während der üblichen Sommerpause weiterging, hörte man wenig, und viele hatten es schon aufgegeben, eine Klärung des Falles zu erwarten. Als vor wenigen Tagen jedoch die Verhaftung von drei Wächtern aus dem Jagdbesitz Capocotta bei Rom, dem Eigentum des Marquese Ugo Montagna, bekannt gegeben wurde, begann man zu ahnen, daß Sepe den Schlüssel zum mysteriösen Tod der Montesi gefunden hatte, daß endlich konkrete Anhaltspunkte gefunden waren, nachdem die von der ehemaligen Geliebten des Marquese aufgestellten Behauptungen unbewiesen geblieben waren. Die dramatische Wendung, die nun eintrat, ist darin zu sehen, daß Sepe heute vier prominenten Persönlichkeiten, von denen drei immer wieder im Zusammenhang mit dem Fall genannt wurden, die Pässe entzog: und zwar dem Sohn des Außenministers Piccioni, dem Marquese Montagna und dem ehemaligen Questor von Rom, Polito. Bei der vierten Persönlichkeit, die von dieser Maßnahme betroffen ist, handelt es sich − und darin besteht die Sensation für Rom − um den Enkel des Königs Victor Emanuel III., den 28jährigen Prinzen Moritz von Hessen. Der Prinz von Hessen ist heute nachmittag von Capri nach Rom gekommen, um sich für die Vernehmung durch Sepe bereitzuhalten. Der Name des Prinzen von Hessen tauchte nur einmal zu Anfang des Prozesses auf, da er am Todestag der Montesi, am 9. April, und am darauffolgenden 10. April in seinem Wagen jedesmal mit derselben Dame in Capocotta gesehen worden war. Seit jedoch der Ex-Questor Polito, dem ebenfalls der Paß entzogen wurde, damals erklärte, daß der Besuch an beiden Tagen mit derselben Dame für den Prinzen ein einwandfreies Alibi bedeute, wurde sein Name nicht mehr erwähnt. Moritz von Hessen reiste ab, nahm an der vom König von Griechenland organisierten Seereise der Könige auf der »Agamemnon« teil, kehrte erst vor kurzem von dieser Fahrt zurück. Im Verlauf einer neuerlichen Autopsie hatte sich inzwischen ergeben, daß die Montesi gar nicht am 9. November, sondern erst am 10. April gestorben war. Dazu schreibt der der Regierungskoalition nahestehende »Messagero«: »Wie sich die Dinge abzeichnen, kam der Tod der Wilma Montesi tatsächlich einer verbrecherischen Tat gleich, die als fahrlässige Tötung bezeichnet werden kann − zumindest hat es sich darum gehandelt, daß man einen Menschen in seiner Todesnot sich selbst überließ.« Aber wer ist nun der Verantwortliche – oder: Wer sind die Verantwortlichen? Auf diese ganz Italien beunruhigende Frage bleibt eine vollständige Antwort noch abzuwarten. Nach Indiskretionen aus informierten Kreisen wäre es denkbar, daß der Unglücksfall, der zum Tod der Montesi führte, geschah, während sich das Mädchen in Gesellschaft des Prinzen von Hessen befand. Da die Untersuchungen jedoch offiziell noch gar nicht abgeschlossen sind, muß man sich an die Erklärung Sepes halten, an die einzige, die er der Presse bisher gab. Er bestätigte, daß sich Belastungsmaterial gegen den Prinzen in seinem Besitz befinde. Man könnte jedoch noch nicht von fundierten Elementen sprechen. Es seien noch sehr delikate Untersuchungen im Gange, vor deren Abschluß niemand eindeutig beschuldigt werden könne.

Tatsache aber ist – und so beurteilt auch die angesehene Turiner »Stampa« die Situation – daß der Kreis der Verdächtigen eingeengt worden ist, daß die vier Großen, der Prinz Moritz von Hessen, Piccioni, Montagna und Polito, nun im Mittelpunkt des Interesses stehen, und daß die Behörde daran ist, die Verschleierungsmanöver aufzudecken, die von einflußreichen – mittelbar oder unmittelbar beteiligten – Kreisen unternommen wurden. Rom fragt sich nur noch, wann und wie die Affäre Montesi, die an Spannung und Überraschung schon jeden Kriminalroman von Edgar Wallace bis Agatha Christie übertroffen hat, ihren Schlußpunkt finden wird.

Zeit im Funk, 9. September 1954

»Professor Martino übernimmt im Palazzo Chigi eine schwere Erbschaft«, schrieb die italienische Presse fast einmütig nach der überraschenden Nominierung eines neuen Außenministers durch Mario Scelba, der das Rücktrittsgesuch Piccionis angenommen hatte. Wer ist der neue Mann, dessen Name in internationalen Kreisen noch nie gehört wurde? Der 54jährige elegante und weltgewandte Sizilianer Gaetano Martino, ein angesehener Wissenschaftler, war Rektor der Universität von Messina und Professor für Nervenphysiologie, bevor er die politische Laufbahn einschlug. Er ist Mitglied der Liberalen Partei und war zuletzt Erziehungsminister und Vizepräsident der Kammer. Martino spricht mehrere Fremdsprachen, darunter Deutsch, fließend und wird von der Presse warm akklamiert, obwohl er als ausgesprochener Außenseiter die Nachfolge Piccionis antritt. Er wird die Politik der europäischen Integration verfolgen und auf eine Verstärkung der Atlantikpakt-Politik dringen.

Heute abend wird der neue Außenminister vereidigt werden und anschließend den aus Belgrad kommenden amerikanischen Staatssekretär Murphy zu einer Unterredung empfangen, die den Zweck hat, die Kontroverse im Triestproblem zu beseitigen.

Piccionis Abgang von der politischen Bühne aus tragischen familiären Gründen wird zwar mit Mitgefühl und Bedauern aufgenommen, andererseits ist man aber – zumindest außerhalb der Christlich-Demokratischen Partei – der Meinung, daß er mit seiner Demission zu lange gewartet hat, womit er seinem in den Fall Montesi verwickelten Sohn keinen guten Dienst geleistet habe. Piccioni schreibt in einem Brief an Scelba: »Ich bin überzeugt, daß Du verstehst, daß ich in völliger Freiheit für die Verteidigung meines Sohnes Sorge tragen will, der von einer gerichtlichen Untersuchung nichts zu fürchten hat – davon bin ich absolut überzeugt. Heute, wo es gilt, eine verleumderische und ruchlose Kampagne aufzuhalten, fühle ich, daß mein Platz an der Seite meines Sohnes ist.«

Piccioni will, so heißt es, wenn es notwendig wird, vor Gericht unter Eid aussagen, daß sein Sohn am Todestag der Montesi krank zu Hause gelegen habe.

Man weiß, daß Piccioni schon mehrmals versuchte zu demissionieren, als die Untersuchungen im Fall Montesi ihren Lauf nahmen, daß er sich aber immer wieder von der Regierung überreden ließ, im Amt zu bleiben. Die Turiner »Stampa« bemerkt dazu: »Ist diese tragische familiäre und menschliche Situation nicht doch ein Element gewesen, das unsere Außenpolitik in letzter Zeit negativ beeinflußt hat? Das Panorama, das sich nun vor unseren Augen öffnet, ist nicht erfreulich, denn noch nie hat ein italienischer Außenminister unter so beunruhigenden Umständen demissioniert.«

Piccioni senior, ein unbestrittener Gentleman, dem sogar sein politischer Feind Nenni menschliche Teilnahme ausgesprochen hat, glaubte offensichtlich bis zuletzt, als Außenminister im Palazzo Chigi sein gutes Gewissen demonstrieren zu können. Aber in einem Land wie Italien, in dem Mißtrauen und Verdacht gegen die Großen seit Jahrhunderten leicht gedeihen, war es nicht zu verhindern, daß neben der extremen Linken und der extremen Rechten auch ein großer Teil der öffentlichen Meinung ihn mehr oder minder offen verdächtigte, daß er − im Gegenteil − blieb, um eine etwaige Schuld seines Sohnes besser decken zu können.

Zeit im Funk, 20. September 1954

Rom und die italienische Regierung haben eine schlaflose Nacht hinter sich. Gestern abend erfuhren die Römer durch Extrablätter von der Verhaftung Piero Piccionis. Die Verteilung der Blätter ging jedoch, obwohl die Menschen sie den Verkäufern aus den Händen rissen, mit einer fast unheimlichen Ruhe vor sich, denn es gelangte eine in Italien selten befolgte alte Bestimmung zur Anwendung: die Zeitungsverkäufer, die sonst selbst bescheidene Meldungen mit großem Stimmaufwand an den Mann bringen, durften die Neuigkeit nicht ausrufen, um keine unnötige Aufregung in der Bevölkerung auszulösen. Zu den Zwischenfällen und Demonstrationen, die man von seiten der Linksextremisten befürchtete, kam es jedoch nicht.

Piero Piccioni nun wird laut Haftbefehl der fahrlässigen Tötung von Wilma Montesi beschuldigt. Der Marchese Ugo Montagna, der allen Pressemeldungen zum Trotz auch gefunden und verhaftet wurde, wird sich wegen Begünstigung zu verantworten haben. Der Untersuchungsrichter Dr. Sepe, der mit der Vernehmung heute begann, hat außerdem eine schriftliche Vorladung an den ehemaligen Polizei-Questor von Rom, Saviero Polito ergehen lassen, der vermutlich seines hohen Alters wegen vorläufig nicht verhaftet wurde. Polito wird des Amtsmißbrauchs in seiner Eigenschaft als Polizei-Questor von Rom beschuldigt, außerdem der Beihilfe zur Verschleierung und Ablenkung der polizeilichen Untersuchungen auf eine Unfall-Hypothese, auf Grund derer der Akt Montesi seinerzeit geschlossen wurde. Ex-Außenminister Piccioni, den die Nachricht schwer getroffen hat, erklärte seinen Freunden, daß er selbst für die Verteidigung seines Sohnes sorgen werde, von dessen Unschuld er nach wie vor überzeugt sei. Prinz Moritz von Hessen, dem man in der vergangenen Woche, wie den jetzt Verhafteten, den Paß entzogen hatte, nachdem Montagna eine ihn belastende Erklärung bei Sepe eingereicht hatte, antwortete heute auf die Fragen von römischen Journalisten: »Ich bin sehr glücklich, daß die Gerüchte, die über mich in Umlauf waren, nun ihr Ende finden.«

Es hätte aber gar nicht anders kommen können. Im Hause Hessen hat man die Entwicklung der Dinge vollkommen ruhig abgewartet. Sofort nach der Verhaftung Piccionis und Montagnas hatte Ministerpräsident Scelba mit Fanfani eine — wie es heißt — dramatische Unterredung über die aus der Situation resultierenden Probleme. Zur gleichen Stunde trafen sich Togliatti und Nenni zu einem Gespräch. Die Links- und Rechtsextremisten fordern unnachgiebig eine Parlamentsdebatte des Falles Montesi, gegen die sich Scelba bisher ausdrücklich verwahrte. In den Kreisen der christlich-demokratischen Partei ist man der Ansicht, daß der Fall Montesi eine Sache der Justiz und nicht der polizeilichen Verantwortlichkeit ist, während man in unabhängigen Kreisen nicht mehr glaubt, daß eine parlamentarische Debatte zu verhindern ist. Gleichzeitig hat der Druck der Kommunisten seinen Höhepunkt erreicht, um das Prestige der Regierung zu erschüttern. Der extremen Linken kommt es darauf an, den »Kopf« Scelbas zu fordern, der zur Zeit der fehlgeleiteten Untersuchungen im Fall Montesi Innenminister war.

Die regierungstreue Presse betont dagegen, daß durch die rücksichtslose Klärung des Falles die Achtung vor dem Gesetz und das Vertrauen in die Regierung wiederhergestellt werde und daß die Rücksichtslosigkeit des Vorgehens nur in einer liberalen Demokratie möglich sei.

Zeit im Funk, 22. September 1954

Heute nachmittag hat Mario Scelba nach einer Debatte, die etwas weniger heftig verlief als die vorangegangene, im Senat auch das Vertrauen der Kammer erhalten. Das Thema dieser für die Regierung so gefährlichen Debatte war der Fall Montesi, für den die extreme Rechte und die Kommunisten die Regierung und insbesondere den Ministerpäsidenten selbst verantwortlich machen wollten. Der Führer der Radikalsozialisten Nenni formulierte die Anschuldigungen etwa so: Man habe siebzehn Monate gebraucht, um die Untersuchungen des Falles wieder in Gang zu bringen. Die Schuld daran sei der Polizei zuzumessen und dem Innenminister, dem sie direkt untersteht. Gemeint ist damit aber der Ministerpäsident, der zur Zeit des Todes der Montesi Innenminister war. Nicht zuletzt wollte man Scelba dafür verantwortlich machen, daß hohe Funktionäre der Polizei, darunter auch der Ex-Questor von Rom, Polito, möglicherweise bei den fehlgeleiteten Untersuchungen eine fragwürdige Rolle gespielt haben. Die gerichtlichen Untersuchungen sind jedoch noch im Gange, und weder gegen Polito noch gegen andere Beamte liegen bisher Beweise vor. Mit dem Vertrauen, das Scelba ausgesprochen wurde, könnte die schwerste Regierungskrise, die die Demokratie in Italien seit Kriegsende durchzustehen hatte, als abgewendet betrachtet werden. Auch die Stimmung in der Bevölkerung, die von einem kaum vorstellbaren Mißtrauen gegen den Staat und seine Repräsentanten ergriffen worden war, schlägt langsam um. Man hat erkannt, daß die Regierung nichts tut, um die Untersuchungen zu torpedieren, und daß man nach dem Abschluß des Verfahrens die ganze Wahrheit wissen und niemand geschont werden wird. Außerdem sickern aus dem Justizpalast am Tiber Gerüchte durch, daß die Affäre nach einer Konfrontierung des jungen Piccioni mit einem Unbekannten in der vergangenen Nacht wahrscheinlich eine ganz andere Wendung nehmen wird, als man bisher annehmen konnte.

Sicher ist jedoch, daß dieser mysteriöse Kriminalfall auf der politischen Ebene nichts anderes ist als eine »montacura«, das heißt eine propagandistische Montage der Kommunisten. Für die dunklen Hintergründe dieser kommunistischen Kampagne gegen die Regierung fand der Verteidigungsminister Taviani eine hochinteressante Erklärung. Er erinnerte daran, daß die kommunistische Taktik im Montesi-Skandal der ähnlich sei, die die Kommunisten seinerzeit in Prag anwendeten, bevor es zum Staatsstreich kam. Damals versuchten sie, hohe Persönlichkeiten der tschechischen Demokratie zu diffamieren. Aber, fuhr Taviani fort, die Kommunisten irren, wenn sie glauben, in Italien zum selben Ergebnis kommen zu können. Denn hier gibt es keine sowjetischen Truppen, die einen Staatsstreich unterstützen könnten. Taviani sagte überdies, daß die italienische Armee immun sei und in einem solchen Fall zur Regierung stehen werde.

Sollten die Zusammenhänge bestehen, die Taviani zu sehen glaubt, wäre auch zu bedenken, daß der sowjetische Botschafter in Rom derselbe Mann ist, der seinerzeit in Prag Botschafter war und einer der wichtigsten Hintermänner des Staatsstreichs gewesen sein soll. Aber Rom ist schon wieder ruhiger geworden, die Hysterie hat sich gelegt. Ja, dieselben Leute, die noch vor zwei Wochen von der Schuld Piccionis, Montagnas und einiger hoher Beamter leidenschaftlich überzeugt waren, sind plötzlich von Mitleid erfüllt. Die Armen, klagen sie, seien nun schon so viele Tage in Untersuchungshaft – und man wisse nicht einmal, ob zu Recht. Die Presse – einschließlich der kommunistischen – bringt rührselige Berichte über die Tatsache, daß Piccioni sich in der Zelle mit Philosophie beschäftigt und Montagna Scherze mit den Wärtern macht.

Man muß also einen guten Teil der regierungsfeindlichen Stimmungen aus der Mentalität der Italiener verstehen, die ebenso rasch aufgebracht wie ernüchtert sind, ebenso vehement in der Anklage wie zerknirscht im Bedauern.

Am Horizont taucht übrigens schon ein Thema auf, das die nationale Leidenschaft absorbieren kann: das Triestabkommen. Der »Corriere della Sera« hat gestern schon die Federn zur Unterzeichnung rauschen hören. Ganz so weit ist es noch nicht, aber lange kann es wohl nicht mehr dauern.

Zeit im Funk, 30. September 1954

Italien hat einen Tag lang seine Alltags- und innenpolitischen Sorgen vergessen. Im Mittelpunkt aller Gespräche steht nicht wie sonst der Fall Montesi, sondern das Fazit der Londoner Konferenz. Ministerpräsident Mario Scelba gab heute in Rom eine Erklärung ab, in der es heißt, daß alle freien Völker Grund hätten, sich über den Ausgang der Londoner Konferenz zu freuen. Die unabhängige Presse und die Blätter der Koalitionsparteien, vor allem die der christlichen Demokraten, sprechen mit Genugtuung von einem Sieg des Westens – einem Sieg, der von besonderer Bedeutung sei, weil die Lage im Fernen Osten immer bedrohlicher werde. Freilich dürfe man sich keinem verfrühten Optimismus hingeben, solange die Stellungnahme des französischen Parlaments abzuwarten bleibt. Und es bleibt auch abzuwarten, wie die heikelsten Punkte, nämlich diejenigen, die die Rüstungskontrolle betreffen, in die Praxis umgesetzt werden können. Viel Beachtung schenkt man der Haltung des neuen italienischen Außenministers Martino, der Italien auf der Londoner Konferenz vertrat. Martino habe im Namen Italiens zwar den französischen Vorschlag, sogenannte verschobene Zonen ohne Rüstungsindustrie zu schaffen, scharf abgelehnt, weil auch Italien darunter gefallen wäre, habe aber grundsätzlich die französische Forderung nach einer Kontrolle unterstützt. Martino habe also den Standpunkt von Mendès-France geteilt, und dieser sei ihm dafür dankbar gewesen. Doch habe der seinerseits den Franzosen gegenüber die Wichtigkeit einer deutsch-französischen Verständigung betont. Martino selbst urteilt über die Londoner Konferenz: »Die Ergebnisse, die erzielt wurden, sind höchst befriedigend, besonders, daß in der Frage der Rüstungskontrolle ein Kompromiß erreicht wurde.« Zur Rolle der verschiedenen Hauptakteure in London bemerkt man in Italien, daß man insbesondere England zu Dank verpflichtet sei, denn es habe mit großem politischen und diplomatischen Geschick auf die beklemmende Lage nach dem Scheitern der EVG reagiert. Nun könne auch Amerika zufrieden sein, denn mit einem neutralen Frankreich wäre der deutsche Verteidigungsbeitrag fragwürdig, wenn nicht illusorisch geworden. Der »Corriere della Sera« äußert sich sehr anerkennend über Adenauers politischen Weitblick, der ihm vernünftige und wichtige Konzessionen erlaubt hat.

Weniger optimistisch ist man in den konservativen italienischen Kreisen. Dort macht man darauf aufmerksam, daß durch den Schachzug von Mendès-France ein gewisses Mißtrauen entstanden sei und man seither der französischen Aufrichtigkeit etwas zweifelnd gegenüberstehen müsse. Ob der französische Neutralismus in London überwunden worden sei, so meint das konservative »Giornale d'Italia«, werde erst die Zukunft zeigen. Und erst die Verwirklichung des Abkommens könne als positiver Schritt zu dem gewünschten europäischen Zusammenspiel bewertet werden.

Zeit im Funk, 4. Oktober 1954

Mitten in die Feststimmung der Triester, die sich ihre Begeisterung auch durch kalte Borawinde und strömenden Regen nicht trüben ließen, kam eine furchtbare Botschaft: die Katastrophe von Salerno. Das gespenstische Zusammentreffen eines Freudentages mit einem schwarzen Tag in der italienischen Geschichte wirft auch ein politisches Problem auf: das der inneren und äußeren Kolonisierung Italiens. Der Süden ist bis heute der neuralgische Punkt im Lande geblieben, und die Vorwürfe der Presse und der Öffentlichkeit gegen die Regierung sind diesmal besonders hart. Italien hat den Süden in jeder Beziehung zugunsten augenfälliger politischer und wirtschaftlicher Entwicklungen schwer vernachlässigt. Gemeint sind die Provinzen von Lukanien, Kalabrien und Sizilien. Bergrutsche und Überschwemmungen sind zwar im Fremdenparadies zwischen Amalfi und Salerno eine Elementar-Katastrophe, aber im Namen der dreihundert Toten und unzähligen Obdachlosen wird gefragt, ob nicht auch eine Unterlassungssünde daran Schuld trägt. In jedem Herbst ist dieses Gebiet durch Wasser und Wolkenbrüche gefährdet. Es gibt nicht genügend Dämme und Deiche. Der Holzraub vor allem hat zu einer totalen Entwaldung geführt, so daß buchstäblich wandernde Berge entstanden sind.

Als Ministerpräsident Scelba, der sofort in die Schreckenszone von Salerno aufbrach, mit der Landkarte auf den Knien das Gebiet anflog, konnte er einige kleine Ortschaften an der

Küste nicht finden. Auch die Flugzeugmannschaft war ratlos. Der Grund: Sie waren von der Erdoberfläche verschwunden, weggeschwemmt, zusammengestürzt unter der Wucht von Felsen und Wasser. Nur Kirchentürme ragten aus den kleinen Stauseen, die sich gebildet haben.

Die Triestiner, denen die »Heimkehr« nach Italien durch eine Staatsanleihe zu ihren Gunsten angenehmer gemacht werden sollte, werden diesen historischen Tag bezahlen. Die Staatsanleihe muß jetzt für das Unglücksgebiet verlängert werden, die Schäden, die in und um Salerno entstanden sind, verlangen schon mehr als die ganze Hilfssumme, die zur Unterstützung gedeckt werden sollte.

In Salerno liegen die Leichen in den Kirchen aufgebahrt, die Kerzen brennen und die Überlebenden weinen verzweifelt und beten. Am Tag, der die Katastrophe brachte, wurde in Triest auch geweint und gebetet, aber in einem Freudentaumel ohne gleichen. In Triest, wo die Bersaglieri, die in ihrem alten Laufschritt mit klingendem Spiel eingezogen waren, auf den Schultern getragen wurden, wo General Winterton sich von General de Renzi, dem neuen Kommissar für Triest, nicht verabschieden konnte, weil der Weg vom Hafen zur Piazza Unità von der Menge so blockiert war, daß die vorgesehenen Feierlichkeiten ganz aus den Fugen gerieten.

Es ist besonders bemerkenswert, daß die Jubelfeiern von Triest wie die Katastrophe von Salerno – wie so viele in Italien – geradezu traditionell sind. Wer den Taumel der Triestiner aus der Nähe erleben konnte, wurde an historische Bilderbücher aus den Irredentistenkämpfen des 19. Jahrhunderts erinnert. Viele Gesänge stammen aus der Risorgimentozeit. Man glaubte vor einer historischen Opernbühne zu stehen und ein historisches Stück ablaufen zu sehen, von dem Vertreter des modernen europäischen Skeptizismus vielleicht sagen könnten, er sei zu überladen, zu pompös, zu rhetorisch. Nur in Triest selbst konnte man spüren, daß es sich um ein durchaus echtes kollektives Erlebnis der Freude handelte. Die schöne Hafenstadt an der Adria wollte nicht mehr isoliert sein. Sie wollte, wie man in Italien sagt, mit der »madre patris«, mit dem Mutterland verbunden werden.

In einer viel dramatischeren, ja tragischeren Tradition steht die Katastrophe von Salerno. Die Wasser und Berghänge können ihre zerstörende Wirkung so leicht ausüben, weil das zivilisatorische Gefälle zwischen Nord- und Süditalien immer noch nicht ausgeglichen worden ist. Ganz abgesehen davon, daß die entwaldeten Hänge noch nicht wiederaufgeforstet worden sind, daß man zu wenig Dämme und Deiche gebaut hat – der Süden ist noch immer so rückständig wie zur Zeit der Spanier und Bourbonen – es gibt wohl kaum noch ein Gebiet in Europa mit so vielen Dörfern, in deren Häusern es kein fließend Wasser gibt, die aber dauernd unter dem Druck der Bergangst leben, der brausenden Bergströme, die plötzlich mit gewaltigen Wassermengen auf sie herunterstürzen.

Scelba hat sehr wohl begriffen, daß diese neue Katastrophe im Süden, der vor allem so viele Kinder zum Opfer gefallen sind, zu einem ernsten politischen Problem wird. Es handelt sich um die vierte große Wasserkatastrophe während der letzten vier Jahre. Bisher hat man nichts anderes getan als die alten Schäden notdürftig auszuflicken. Vorbeugungsmaßnahmen großen Stils, um zukünftige Katastrophen zu vermeiden, fehlen. Die lokalen Behörden haben dem Ministerpräsidenten ihre Unzufriedenheit deutlich gesagt; und man weiß in Rom sehr genau, daß der Kommunismus gerade im Süden große Erfolge hat. Entschließt man sich nicht in absehbarer Zeit zu einem großzügigen Investitionsprogramm für die Notstandsgebiete, könnte sich sehr wohl ergeben, daß die Demokratie in Italien indirekt von Wolkenbrüchen weggeschwemmt wird.

Zeit im Funk, 28. Oktober 1954

Die römische Wintersaison hat begonnen, die Theater beleben sich, in den Galerien wird über neue Bilder diskutiert, die Restaurants sind voll. Vor den Caféhäusern an der luxuriösen Via Veneto – von den Römern »amerikanisches Viertel« genannt – sitzen die Ausländer, vor allem Amerikaner auch abends noch im Freien. Es ist noch warm in Rom, und die Geschäftsreisenden aus Connecticut und Filmleute aus Hollywood freuen sich bei einem Whisky und Hot Dogs des Lebens. Anders die Italiener, sie haben Sorgen. Ein vielgereister italienischer Geschäftsmann erklärte kürzlich einem amerikanischen Beamten: »Das politische Klima in Italien ist ungesund geworden, der Druck der Kommunisten wächst, die Mehrheit der Mitte im Parlament ist zu schmal. Einigen unserer Firmen sind von den USA bereits kostbare Industrieaufträge entzogen worden, weil die Betriebsräte eine kommunistische Mehrheit haben. Das ist schlimm, wer erhält die Aufträge jetzt? Die Deutschen vielleicht! In der Bundesrepublik gibt es keine Kommunisten. Wir brauchen einen italienischen McCarthy.«
Über Nacht begann dieses Wort zu zirkulieren. Vereinzelte Stimmen hörte man nach den letzten Boxkämpfen im Parlament, als die Kommunisten dem christlich-demokratischen Abgeordneten Guiseppe Togni vorwarfen, er sei ein Faschist, und das nur, weil er behauptet hatte, daß die Kommunisten einen Umsturz anstrebten. Die Kommunisten gingen zum tätlichen Angriff über. Es gab ein Dutzend Verletzte. Seitdem heißt die Parole Nummer 1 der italienischen Regierungspolitik und der vier Koalitionspartner: »Der Kommunismus muß aufs schärfste bekämpft werden. Die Demokratie muß zum Angriff übergehen. Wartet sie die Stunde X ab, ist es zu spät.«
Die Meinungen gehen allerdings weit auseinander, sobald es sich darum handelt, über die Methoden dieser »Offensive der Mitte« einig zu werden. Die Sozialdemokraten Saragats, die Linksliberalen, aber auch die christlichen Gewerkschaften meinen, die gegenwärtigen Gesetze und die Grundvorschrif-

ten der Verfassung genügten, um die Kommunisten nicht nur in Schach zu halten, sondern sie auch wirksam zu bekämpfen.

Einzelne Persönlichkeiten auf dem rechten Flügel der christlichen Demokraten aber, fast alle Monarchisten und die Neofaschisten in ihrer Gesamtheit treten für »Sondergesetze« ein. Sie sagen: »Ohne Gesetze kann man keine Partei bekämpfen, die längst eine ›Bewegung‹ geworden ist und mit ihrer ›totalen Weltanschauung‹ den ganzen Menschen erfaßt.«

Die demokratischen Gegner von »Sondergesetzen« fürchten jedoch, Italien könne unmerklich in einen neuen, wenn auch verschleierten Faschismus abgleiten, da »Sondergesetze« das Toleranzprinzip der Demokratie verletzen.

Zeit im Funk, 5. November 1954

Der Fall Montesi ist noch nicht geklärt, da verschwinden über Nacht der Präsident der römischen Provinzverwaltung mitsamt seiner Frau. Der Professor für Jurisprudenz und Rechtsanwalt Guiseppe Sotgiu war ein prominentes Mitglied der kommunistischen Partei. Es ist derselbe Dr. Sotgiu, der als Verteidiger des Journalisten Muto – des ersten »Enthüllers« von politischen Hintergründen im Montesi-Skandal – zum Ankläger gegen einflußreiche bürgerliche Kreise, gegen die Polizei und gegen führende Mitglieder der Christlich-Demokratischen Partei geworden war. Sotgiu trat damals gleichsam als Italiens »Moralist Nummer 1« auf. Darauf begann die römische Polizei sich für das Privatleben ihres Erzfeindes zu interessieren, und siehe da, es stellte sich bald heraus, daß der angesehene Rechtsanwalt ein moralisch höchst fragwürdiges Doppelleben führte. Neue skandalöse Enthüllungen trafen den Ankläger von einst. Selbstverständlich wurde daraus ein politischer Fall. Aus Montagna und Piccioni hatten die Kommunisten geradezu Inkarnationen der »bürgerlichen Korruption« gemacht. Nun gilt der Sarde Sotgiu als Musterbeispiel für den kommunistischen Amoralismus, für Perversion, Grausamkeit und hemmungslose Genußgier. Moral und Politik werden eng miteinander verknüpft.

Die Mehrheit des italienischen Volkes aber, das ein arbeitsames und durchaus normales Familienleben führt, beginnt sich zu fragen, ob diese Kette von Skandalen nicht auf einen Zerfall sittlicher Werte und politischer Überzeugungen zurückzuführen ist. Immer häufiger taucht der Vergleich mit der Zeit der Borgia oder mit der spätkaiserlichen Epoche des antiken Rom auf.

In den polizeilichen Ermittlungen ist von »Orgien«, meist »sexualpathologischer Natur« die Rede, an denen Sotgiu und Personen aus höheren Gesellschaftskreisen beteiligt gewesen sein sollen. Dazu kommt ein neuer höchst geheimnisvoller Todesfall. Ein junges Mädchen, Maria Montorzi, starb vor einiger Zeit in einem römischen Krankenhaus. Reporter eines römischen Abendblattes wollen nachweisen können, daß sie in den Kreisen um Sotgiu verkehrt hat.

Nach Veröffentlichung des Polizeiberichts hat Sotgiu von einem Versteck aus, in dem er sich mit seiner Frau verborgen hält, seine Präsidentschaft in der Provinzialverwaltung freiwillig niedergelegt. Die kommunistische Partei ist einen Schritt weiter gegangen. Sie hat Sotgiu, eines ihrer prominentesten Mitglieder, aus der Partei ausgestoßen, und zwar mit der Begründung, er müsse volle Freiheit für seine Verteidigung erhalten. Es gehöre zur kommunistischen Methode, so schreibt das Parteiorgan »Unità«, keine Zweideutigkeit entstehen zu lassen. Die KP wolle in ihren eigenen Reihen niemand decken. Sie handle damit durchaus im Gegensatz zur Christlich-Demokratischen Partei, die seinerzeit mehrere Rücktrittsgesuche von Piccioni senior abgelehnt hatte. Im übrigen spricht die extreme Linke von einem politischen Racheakt, vom Versuch eines politischen Gegenschlags nach

der »Kompromittierung des Bürgertums und seiner Polizei«
durch den Fall Montesi.

Der Mann auf der Straße aber spricht mal wieder vom »starken Mann mit dem eisernen Besen«, der endlich aufräumen
müsse.

Zeit im Funk, 18. November 1954

In Rom werden die ersten Spuren der Weihnachtszeit sichtbar. Vor den Schaufenstern am Corso und an der Via Veneto
staut sich die Menge. Von einer vorfestlichen Stimmung kann
jedoch noch keine Rede sein. Merkwürdig zähe Herbstnebel
hängen über der Ewigen Stadt, und die Leute rechnen und
rechnen. Für Geschenke bleibt nicht allzuviel übrig. Die
Bilanz der breiten Masse sieht nicht gut aus. Die Preise sind
im Laufe des Jahres enorm gestiegen, etwa um fünfzehn bis
zwanzig Prozent. Alle Schätze der Erde breiten sich in den
luxuriösen Auslagen Roms aus, aber nur für einen kleinen Teil
der Bevölkerung sind sie erschwinglich.

In der Politik bereitet sich eine gewisse Windstille vor. Man
hatte im Kampf gegen die Kommunisten ziemlich dramatische
und drastische Maßnahmen erwartet. Der christlich-demokratische Abgeordnete Togni wollte Heer und Verwaltung säubern.
Man sah in ihm schon einen italienischen McCarthy, aber seine
Absichten verpuffen wie ein Feuerwerk, denn der Ministerrat
beschloß, keine Sondergesetze einzuführen. Ministerpräsident
Mario Scelba erklärte, die Grundbestimmungen der Verfassung genügten, um der roten »Infiltration« in Heer und Beamtentum Herr zu werden. Man werde in Zukunft aber die bereits
geltenden Gesetze mit größerer Schärfe anwenden. Der vor-
weihnachtliche politische Teig wird also nicht durch allzu
starke Hefesätze in Gärung geraten. Es ist wieder das alte »si
arrangia«, das heißt: es wird sich schon finden, es wird sich ein-
renken, nur nicht mehr tun, als unbedingt nötig ist.

Unter der Oberfläche sieht es allerdings nicht so harmlos aus. In der Öffentlichkeit ist in letzter Zeit viel von der italienischen Armee die Rede. Wird sie sich im Ernstfall — sei es in einem kriegerischen Konflikt — sei es im Fall eines kommunistischen Umsturzversuchs als zuverlässig erweisen? Ist sie eine wirklich sichere Stütze der parlamentarischen Demokratie, eines Staates also mit freien Einrichtungen und mit einem Mehrparteiensystem, das jeden Totalitarismus als Landesverrat empfinden muß — den Totalitarismus von links wie den von rechts, sobald er die Gebote der Verfassung verletzt. Im Ausland sind Gerüchte aufgetaucht, nach denen sich die italienische Armee innerhalb einer europäischen Allianz oder innerhalb der italienischen Demokratie als Trojanisches Pferd erweisen könnte. Neuere Untersuchungen haben diese pessimistische Meinung in keiner Weise bestätigt. Es gibt heute in der italienischen Armee, in der Marine und in der Luftwaffe keine Offiziere oder Unteroffiziere mehr, die eingeschriebene Mitglieder der kommunistischen Partei sind. Eine Reihe von Offizieren, die gegen Ende des Krieges mit kommunistischen Partisanen gemeinsam operierten und später politische Kontakte aufrechterhielten, haben inzwischen die Altersgrenze erreicht oder schieden aus der Armee aus.

Da jede politische Propaganda in der Armee verboten ist, gibt es — bei der jetzt noch verschärften Überwachung — kaum Möglichkeiten für kommunistische Aktivisten. Wer erwischt wird, kann schwer, in besonderen Fällen sehr schwer bestraft werden. Bei der Truppe ist das Bild nicht so eindeutig. Viele Rekruten kommen aus radikalen Kreisen. Etwa siebzehn Prozent sollen Mitglied der KP sein. Aktivisten allerdings gibt es weniger darunter. Die meisten kommunistischen Rekruten kennt man schon bei der Musterung. Sie werden auf die verschiedenen Einheiten verteilt und in die entlegensten Orte verstreut, eine Zellenbildung ist praktisch unmöglich.

Wenn die italienische Armee also als »fundamental gesund«

gelten und man glauben darf, daß sie eine absolut sichere Grundlage des demokratischen Staates bildet, so herrscht in ihren Reihen doch keine allzu große Zufriedenheit. Der Sold ist für Offiziere wie für Mannschaften niedrig. Ein Major erhält monatlich etwa 500 Mark, ein Leutnant etwa 320, ein Unteroffizier 200. Der Rekrut bekommt täglich 32 Pfennig, der Gefreite 40, dazu einen Tagessatz für Zigaretten. Bei den Berufssoldaten verhält es sich ähnlich wie bei den Beamten. Sie finden die Demokratie mit ihrer Redefreiheit, mit den garantierten Menschenrechten angenehm, klagen aber über schlechte Einkommensverhältnisse und hohe Preise. Den Beamten hat man endlich eine Erhöhung bewilligt. Der Finanzminister stöhnte. Sofort mußten die Preise für die Monopolzigaretten und die Rundfunkgebühren erhöht werden. Wird jetzt auch der Sold den Preisen angeglichen? Woher soll man in einem armen Land wie Italien immer neue Milliarden nehmen?

So schwankt der italienische Staat zwischen Sparsamkeit und Sicherheitsbedürfnis. Er laviert sich so durch, sagen manche. Wie lange wird das noch dauern? Die Optimisten wiederholen ihr »si arrangia«. Bis zum neuen Jahr wird es wohl still bleiben, aber die gegenwärtige Flaute weist auf kommende Stürme.

Zeit im Funk, 3. Dezember 1954

Die Untersuchungen ergaben, daß die kommunistische Partei über das ganze Land ein weites Netz geschäftlicher Beziehungen ausgebreitet hatte, möglich gemacht und begünstigt durch politische Mitverschwörung in der Verwaltung, durch gesetzeswidrige Übergriffe in lokalen Verbänden, die von Kommunisten geleitet werden, aber auch durch die »Mittäterschaft« gewisser Privatunternehmungen sowie durch die »Unterstützung« ausländischer Staaten.

Manche italienische Firma zahlt zum Beispiel der KP Provisionen für die Vermittlung von Ostgeschäften. Noch bedeutendere Summen erhielt die Partei Togliattis von den kommunistisch geleiteten Genossenschaften, die sich vom Staat erhebliche steuerliche Vergünstigungen sichern, ihre Profite aber in die Kassen der KP fließen ließen. Geradezu skandalöse Zustände ergaben sich, als man die Verteilung der Gelder in Kommunal- und Provinzial-Behörden mit kommunistischer Mehrheit untersuchte, der Gelder, die sich aus den in Italien noch bedeutenden Stadtzöllen und den direkten Steuern ansammeln. Die roten Burgherren hatten diese Summen nur teilweise dem Staat zugeleitet. Ein erheblicher Teil verschwand in den eigenen Taschen.

Die erste Phase der Maßnahmen war eine Folge aufsehenerregender Verhaftungen, allerdings nicht nur von Kommunisten. In kleineren Gemeinden betrieben die Kommunisten das ergiebige Geschäft gemeinsam mit Vertretern anderer Parteien. Schließlich hatten sich die Kommunisten 1945 in den Gebäuden der faschistischen Partei niedergelassen, ohne nach Besitzverhältnissen oder Mietverträgen zu fragen. Der dritte Schritt Scelbas besteht nun darin, die Kommunisten an die finanziellen Quellen zurückzuführen, die sie in der Partei selbst haben. Sie sollen auch gezwungen werden, wie alle anderen für ihre oft prächtigen Büros Miete zu zahlen. Das alles ärgert die Kommunisten weit mehr als ein politischer Frontalangriff, etwa eine radikale »Säuberung« der Verwaltung durch Sonderausschüsse oder gar Sondergesetze. Dann hätten sie nämlich nach dem Buchstaben der Verfassung das Recht, ihrerseits zum Angriff überzugehen. So aber sind sie in Italien zum erstenmal in die Defensive gedrängt.

Scelbas »kalter Krieg« gegen die »Totalitären« hat aber noch eine andere Front. Industrie-Unternehmen zahlten gelegentlich ganz nette Summen an die kommunistischen Gewerkschaften, wenn ein Streik drohte. Erhielten gewisse Firmen, darunter die größten Italiens, wichtige Aufträge, so brauchten die straff organisierten »Compagni« nur zu sagen: »Wir machen nicht mit, es sei denn ihr zahlt« – und schon hatten sie ihre Schecks. Diese Unternehmer werden in Zukunft vermutlich etwas mutiger oder aber vorsichtiger und sparsamer sein. Auffallend ist, wie vorsichtig an der »wirtschaftlichen Strippe« gezogen wird, obwohl die Kommunisten Italiens außer dem des offenen Aufstandes kein Mittel gescheut haben, um das Mehr-Parteien-System der parlamentarischen Demokratie zu zerstören. In Sizilien arbeiten sie mit religiösen Fahnen, in Rom mit Verleumdungen, im Parlament mit den Fäusten. Hunderte von Gesetzentwürfen blieben unter ihrer Obstruktion liegen. Scelba hat darauf verzichtet, den »starken Mann« mit dem »eisernen Besen« zu spielen. Seine Stärke liegt darin, die Glacé-Handschuhe nicht auszuziehen und schrittweise vorzugehen, mit einem Wort: die liberale Verfassung nicht zu verletzen. Dazu kommt, daß sein Handeln keineswegs von einem reaktionären Programm bestimmt wird, etwa im Sinne der McCarthy-Träume des christlichen Demokraten Togni. Die neuen Maßnahmen zum Schutz und zur Sicherheit des Staates hat Scelba in engster Zusammenarbeit mit dem Sozialdemokraten Guiseppe Saragat ausgearbeitet, der zur Zeit stellvertretender Ministerpräsident ist. Getragen wird das Programm von den sehr behutsamen Liberalen und von den fortschrittlichen Republikanern. Die Rechte ist einverstanden, grollt allerdings, weil alles »viel zu wenig« sei. Aus der Mitwirkung der vier wichtigsten und gemäßigten demokratischen Hauptparteien geht aber hervor, daß Italien unter Scelba seine demokratischen Einrichtungen mit absolut legalen Mitteln gegen jeden Totalitarismus verteidigen will.

Zeit im Funk, 9. Dezember 1954

Die Diplomatenlogen sind leer. Auf der Pressetribüne sieht man nur die Parlamentsjournalisten, die einzigen, die nie fehlen, die sogar im hohen Hause übernachten dürfen. Im Plenum der Kammer sieht man nur acht Abgeordnete. Ministerpräsident Scelba ärgert sich nicht schlecht darüber. Viele Italiener bezeichnen die gegenwärtige Debatte als die schicksalvollste der italienischen Republik. Und man sollte es meinen; denn es geht um die Ratifizierung der Pariser Verträge, um Italiens Anschluß an den Brüsseler Pakt, um die Zustimmung zum Eintritt der Bundesrepublik in die NATO. Und die römische Kammer hat noch nie ein solches Bild verschlafener Idyllik geboten. Überraschungen können noch kommen. Abgeordnete können plötzlich zu streiten beginnen über ein Wort, über eine »beleidigende« Wendung. Von der Sache her dürften aber kaum noch große Auseinandersetzungen zu erwarten sein.

Das hat einen Grund, der in der jüngeren italienischen Parlamentsgeschichte einzigartig ist. Scelba kann mit Sicherheit auf eine gute Stimmenmehrheit für die Ratifizierung rechnen. Dramatische Ausgangspunkte fehlten von Anfang an. Selbst die Kommunisten haben angesichts dieser »prästabilisierten Harmonie« darauf verzichtet, ihre übliche Obstruktionspolitik durch endlose Redereien und verzögernde Anträge in diesem für sie hoffnungslosen Fall zu erproben.

Für die Ratifizierung wollen nämlich nicht nur die Parteien der Regierungskoalition stimmen, sondern auch die Monarchisten und sogar die Neofaschisten des MSI. Voraussetzung für sie ist allerdings, daß Scelba kein Vertrauensvotum damit verbindet. Denn die Covelli-Gruppe der Monarchisten und die Neofaschisten schätzen Scelba nicht, und die gegenwärtige Viererkoalition schon gar nicht.

Man kann sogar sagen, daß die Rechte Italiens das Entstehen einer europäischen Verteidigungs-Union anstelle der EVG als ein Ereignis betrachtet, das ihren Wünschen am meisten entspricht. In traditionalistischen Kreisen des höheren Offi zierskorps und in der Großindustrie ist die EVG nie populär gewesen.

Mit einem tränenden Auge werden für die Pariser Ver träge stimmen: die Saragat-Sozialisten, die Republikaner, die Liberalen und die des linken Flügels der Christlichen Demo kraten. Sie alle hätten die EVG bei weitem vorgezogen. Sie meinen, der Verzicht auf die EVG-Konzeption gereiche vor allem Italien zum Schaden, insbesondere in wirtschaftlicher Hinsicht.

Tatsache ist, daß in maßgebenden wirtschaftlichen und politi schen Kreisen zweiseitige wirtschaftliche Abkommen etwa zwischen Deutschland und Frankreich nicht gern gesehen wer den. Sie werden in Italien kritisiert, obwohl niemand genau weiß, was drin steht. Jedenfalls möchte Rom Klarheit gewin nen, bevor die Ratifizierungsurkunden in Brüssel hinterlegt werden. Am 11. Januar wird der französische Ministerpräsi dent Mendès-France nach Rom kommen. Zeit genug also, um italienische Wünsche anzumelden. Welcher Art sind sie? Es geht um die volle industrielle Mitbeteiligung. Italien will den hochindustrialisierten Staaten gegenüber nicht ins Hinter treffen geraten. Gemeinsame Investierungen, in Afrika bei spielsweise, erscheinen als das Gebot der Stunde.

Die Festtage nähern sich. Der »kleine Mann«, aus seinen eige nen Sorgen und finanziellen Problemen wachgerufen und auf die Landessorgen verwiesen, ist irritiert. Zwischen den Prophe ten von rechts, die da sagen, nur eine gute Bündnispolitik alten Stiles sichere den Frieden, und den Propheten von links, die laut schreien, Italien werde sich in Zukunft aus keinem Krieg mehr heraushalten können, bewegt sich das Weltkind »Mann der Straße« und wünscht sich den Frieden. Er kennt keinen anderen Wunsch, welcher Partei er auch angehören mag.

Zeit im Funk, 21. Dezember 1954

Mit einer verblüffenden Klarheit und Präzision hat Mendès-France wohl zum ersten Mal, seit er Regierungschef ist, vor der Weltöffentlichkeit ein politisches Kolleg gehalten. Man hatte, vergleicht man seinen Bericht mit den glaubwürdigen Nachrichten über den Verlauf der römischen Gespräche, den Eindruck, daß er tatsächlich alle Karten aufdeckte. In Rom fand er nicht nur eine gewisse Bestätigung für seine politischen Ziele, er ist sogar einen Schritt weiter gegangen in bezug auf europäische Integrationspläne, die man nahezu zum alten Eisen gelegt hatte.

Besonderes Aufsehen erregte die Antwort, die er einem Redakteur der kommunistischen »Unità« gab, als dieser fragte, wie es um die Idee der Koexistenz und um die von Mendès-France angeregte Konferenz mit der Sowjetunion für den Monat Mai stehe. Mit entschiedener Stimme erklärte Mendès-France, Verhandlungen mit der Sowjetunion könnten erst nach der Ratifizierung der Pariser Abkommen erfolgreich werden. Sie würden sonst nur Verwirrung und Schaden stiften. Er hob ferner hervor, man werde nur das Opfer gefährlicher Selbsttäuschung, wenn man versuchen wolle, die westlichen Partner voneinander zu trennen. Die Union werde und müsse fest und eindeutig bleiben. Diese aber bilde geradezu – ihrer Friedensziele wegen – die Voraussetzung zur Koexistenz. Es müsse das Ziel bleiben, eine friedliche Form des Zusammenlebens zwischen den beiden Hemisphären zu erreichen. Verhandlungen seien daher notwendig, aber sie sollten auf diplomatischem Wege erst sorgfältig vorbereitet werden.

Die Etappe Rom, so erklärte der französische Ministerpräsident weiter, habe ihm neuen Grund zum Optimismus gegeben und er, meinte er, sei auch in bezug auf die kommenden Gespräche in Baden-Baden optimistisch. Bei allen, die den Frieden erhalten wollten, herrsche der gleiche gute Wille vor.

Mit den Italienern sei tatsächlich, obwohl man es angezweifelt habe, in grundsätzlichen Fragen über den Rüstungspool eine bemerkenswerte und für Frankreich interessante Einmütigkeit erreicht worden, wenn auch nicht über alle technischen Einzelfragen. Es bedeute dies jedoch nicht, daß zweiseitige Beschlüsse vor der Pariser Konferenz vom 17. Januar gefaßt worden seien. Die übrigen Partner der Union seien über Sinn und Zweck der Gespräche informiert worden. Darüber hinaus sei es in Rom klargeworden, daß man die West-Union nicht nur als einen reinen militärischen Organismus betrachten sollte. Im Gegenteil. Sie solle den Rahmen bilden für einen regen auch wirtschaftlichen, sozialen und geistigen Austausch zwischen den Westmächten. Eine empirische Grundlage sei nunmehr vorhanden, um Schritt für Schritt Europa verwirklichen zu können.

Was die Probleme vorwiegend wirtschaftlicher und verkehrstechnischer Natur angeht, die zwischen Italien und Frankreich bestehen, so könne nicht alles, was die Italiener erwartet haben, verwirklicht werden, aber sie können mit einigen konkreten Ergebnissen schon zufrieden sein. Die Franzosen erhöhten die Liberalisierung für die Einfuhr französischer Waren von 65 auf 75 % und hoffen, bis zum Frühjahr auf 85 % erhöhen zu können. Außerdem will man in Paris jetzt ernsthaft mit einem längst fälligen Wohnbauprogramm beginnen. Dazu will man italienische Arbeiter, auch ungelernte, kommen lassen. Wahrscheinlich werden die Franzosen in Süditalien im Rahmen des Vanoni-Plans auch Kapital investieren und Pläne für eine Zusammenarbeit im überseeischen Gebiet prüfen. Mendès-France betonte wiederholt, er schätze allzu hochfliegende Pläne nicht. Man müsse praktisch und klein anfangen, dann aber energisch und systematisch weitergehen. Es wird also eine stetige italienisch-französische Kommission auf hohem Niveau gegründet werden, um konkrete Pläne von Fall zu Fall zu verwirklichen.

Wie es in Rom geschehen ist, sollte nach Ansicht des französischen Ministerpräsidenten auch in anderen Hauptstädten verfahren werden. So könne das Ziel erreicht werden: ein Europa auf solider und praktischer Grundlage, und es biete sich jetzt dafür eine Gelegenheit, die Europa vielleicht noch nie gehabt habe.

Zeit im Funk, 13. Januar 1955

Der Sturz Secchias beschäftigt die ganze italienische Presse. Secchia, der neben Togliatti als der wichtigste Mann der italienischen KP galt, war in gewissen Dingen der Gegenspieler seines Chefs. Er ist einer der Mitbegründer der Partei in Italien gewesen, kam aus der Arbeiterklasse und ist bis heute einer der heftigsten Verfechter des Klassenkampf-Ideals geblieben, während Togliatti, der aus der bürgerlichen Intelligenz kommt, einen diplomatischen Typ darstellt, der die Integration aus bürgerlichen Kreisen immer gern gesehen hat. Man nimmt nun an, daß Secchia und seine Anhänger nach den für die Kommunisten so peinlichen Enthüllungen über den Advokaten und bürgerlichen Renommier-Kommunisten Sotgiu scharfe Kritik an den bürgerlichen Elementen in der Partei übten. Er hat schon vor einiger Zeit geduldet, daß radikale Gruppen innerhalb der Partei aggressive Manifeste herausgaben, die von Togliatti in der römischen Parteizentrale kritisiert wurden.

Es ist die Frage, ob es sich jetzt um die erste schwerwiegende Krise innerhalb der italienischen kommunistischen Partei handelt. Die konservativ-bürgerliche »Giornale d'Italia« vertritt die Ansicht, daß es sich bei der Versetzung Secchias nach Mailand nur um ein geschicktes Manöver handelt. Secchia, der den revolutionären, harten Typ darstellt, sei im Süden unbrauchbar, aber in Norditalien überaus gut am Platze. Schon seit längerer Zeit könne man beobachten, daß die Kommunisten sich dem Terrain anpaßten und daher im Süden, der noch zu erobern sei, vorsichtig, im Norden aber hart vorgingen, um die Forderungen ihrer breiten Anhängerschaft durchzusetzen. Secchia bezieht in Mailand tatsächlich eine wichtige Stellung. Da er aber einen Verbindungsagenten an die Seite gestellt bekommt, wird deutlich, daß er vom Zentralausschuß im Auge behalten und kontrolliert werden soll. Die alte Garde der Revolutionäre, zu der Secchia gehört, wird immer unzufriedener, weil sie keine Möglichkeit zur Aktion sieht und das diplomatisch-politische Vorgehen Togliattis nicht begreift. Sie möchte, daß endlich etwas geschieht, das heißt, sie will aus der »Unbeweglichkeit« heraus. So nennt man in radikalen kommunistischen Kreisen die Taktik der bloßen Kunst des Möglichen von Togliatti. Sie vergißt aber dabei, daß eine solche Initiative nicht von Togliatti, sondern von Moskau ausgehen müßte. Und Moskau hat zumindestens zu diesem Zeitpunkt kein Interesse an einem Spiel mit dem Feuer. Togliatti weiß das und wird sich danach richten, auch auf die Gefahr hin, viele ungeduldige alte Genossen und die ebenso ungeduldigen Mitläufer zu enttäuschen. Er hofft, sie durch die eiserne Disziplin der Partei zusammenzuhalten. Die psychologische Wirkung der Versetzung Secchias, die man auch eine »Maßnahme« nennen könnte, bedeutet so oder so einen Prestigeverlust für die KP Italiens. 1951 hat man in der italienischen KP begonnen, die alten Revolutionäre systematisch zu entfernen. Diese Tendenz geht weiter. Sie ist nicht auf Italien beschränkt. Auch in dieser Hinsicht bleibt die italienische KP im Zusammenhang mit der großen taktisch-politischen Bewegung, die von Moskau ausgeht. Durch die Krise ist vor allem die konformistische bürgerliche Intelligenz Italiens stutzig geworden, die noch auf zwei Pferden zu reiten versucht.

Zeit im Funk, 20. Januar 1955

Mario Scelba dringt immer tiefer in Gefilde ein, von denen man meinte, sie seien ihm fremd: in die Labyrinthe der zeitgenössischen Außenpolitik. Kaum hat Mendès-France Rom verlassen, folgt ihm der türkische Ministerpräsident Menderes. Kurz danach fährt Scelba, den man jetzt den Schweiger nennt, weil er nur noch seine Kollegen reden läßt, nach London. Im März wird er zu einem Staatsbesuch in New York erwartet. Auf dem Broadway werden ihn Hunderttausende Italo-Amerikaner mit Konfetti und Bravo-Rufen bombardieren. Der gedrungene Rechtsanwalt aus einem Bergdorf Siziliens, den die Amerikaner für einen der klügsten Schachspieler gegen die Kommunisten halten, steht auf dem Höhepunkt seiner Laufbahn.

In politischen Kreisen Roms neigt man dazu, dem Besuch des türkischen Ministerpräsidenten mehr Bedeutung beizumessen als dem römischen Gespräch von Mendès-France. Der italienische und der türkische Ministerpräsident sind Staatsmänner, die zwar auf positive Ergebnisse der Entspannungspolitik hoffen, aber dennoch nüchtern und realistisch darauf bedacht sind, im eigenen Land und in der strategischen Geographie des Mittelmeers gegebene Realitäten nicht mit allgemeinen Erwartungen zu verwechseln. Es ist kein Zufall, daß Menderes so kurz nach dem Abschluß des türkisch-irakischen Beistandspakts nach Rom kommt. Die Verhältnisse am östlichen Mittelmeer sehen noch immer verworren aus. Schon seit längerer Zeit setzt sich die türkische Diplomatie für einen Eintritt Italiens in den Balkanpakt ein. Den Türken ist es gelungen, durch das Bündnis mit dem Irak eine strategische Brücke zwischen Mittelmeer und Persischem Golf zu finden. Das Bündnis zwischen der Türkei und Pakistan hatte eine Lücke hinterlassen, die jetzt geschlossen ist. Ankara möchte nun Italien im Balkanpakt sehen, weil Italien das westliche Bindeglied zur westeuropäischen Union bilden könnte.

Es besteht allerdings kaum Aussicht, daß Scelba und Menderes in Rom mehr erreichen werden als eine gegenseitige Bestätigung ihres guten Willens und ihrer gemeinsamen Absicht. Mit der Möglichkeit einer Einfügung Italiens in den Balkanpakt sieht es zumindestens im Augenblick nicht allzugut aus. Die Griechen unterstützen den diplomatischen Eifer der Türken kaum noch. Sie sind Ankara nicht sehr freundlich gesinnt, weil sie in ihrem Kampf um Zypern nicht genügend unterstützt wurden. In Belgrad wiederum mißtraut man Italien noch immer. Die Neofaschisten haben ihre Angriffe auf Tito auch nach dem Triest-Abommen nicht gemindert. Tito möchte jetzt auch nichts forcieren, um den Sowjets gegenüber nicht den Eindruck zu erwecken, es sei ihm mit seiner Koexistenz-These nicht ernst. Auch italienische Wirtschaftskreise sind Tito gegenüber verstimmt. Sie nehmen es ihm übel, daß Belgrad Österreich wesentliche Erleichterung für die Benutzung des Hafens von Fiums zugesagt hat.

Dennoch dürfte es grundsätzliche Einigung über die Dringlichkeit der geplanten »adriatischen Kooperation« in Athen und Belgrad Eindruck machen. Die Initiative geht jetzt von Rom und Ankara aus. Die Weltlage ist durch den Formosa-Konflikt ernst geworden. In New York und London steigen die Aktien der italienischen und türkischen Außenpolitik. Nach dem Besuch Scelbas in London wird Eden nach Ankara reisen. In Rom hält man es nicht für ausgeschlossen, daß ein italienisch-türkisches Bündnis die Möglichkeit böte, Italien als vierten Partner dem Balkanpakt anzuschließen.

Zeit im Funk, 27. Januar 1955

In Rom findet man jetzt kontrastreiche Stimmungen: in der Politik, in der Archäologie und nicht zuletzt im Klima. Das Wetter ist feucht, der Himmel grau, aber in der Treibhauswärme der Stadt und in der Campagna blühen Mimosen und

Ginster. Narzissen aus den Albaner Bergen kann man für wenige Lire kaufen.

In der Innenpolitik wirken die äußeren Verhältnisse klar und hell, sozusagen optimistisch sonnig. Aber wer sich dadurch nicht täuschen läßt, merkt, daß die Vierer-Koalition nicht mehr recht gedeihen will. Fanfani macht Husarenritte, er möchte vor den nächsten Wahlen die Stimmen all derer gewinnen, die noch freundliche Erinnerungen an den Faschismus hegen. Auf diese Weise verstimmt er natürlich die Koalitionspartner der Linken, die gemäßigten Sozialdemokraten Saragats und die Republikaner. Auch der Ministerpräsident Mario Scelba, dessen Verhältnis zum dynamischen, aber gelegentlich taktisch ungeschickten Parteisekretär Bartani immer gespannter wird, ärgert sich. Man kann, so meinen die Freunde Scelbas, nicht offiziell Politik mit den Liberalen und den Sozialisten machen und gleichzeitig die Stimmen der Rechten gewinnen wollen. Es liegt also Krisenstimmung in der Luft. Die Vierer-Koalition tritt in eine entscheidende Zerreißprobe.

Der türkische Ministerpräsident Menderes hat Rom heute wieder verlassen. Sein Staatsbesuch hat wenig Konkretes gebracht. Dennoch sieht es nach den Gesprächen der italienischen und türkischen Staatsmänner für eine Steigerung des italienischen Einflußes im östlichen Mittelmeer günstig aus. Ankara wird jetzt noch stärker als bisher versuchen, die jugoslawischen und griechischen Partner im Balkanpakt zur Aufnahme Italiens zu bewegen. Menderes hofft, daß Italien noch in diesem Jahr aufgefordert werden wird. In diplomatischen Kreisen Roms meint man, daß Belgrad vielleicht seine Reserve gegenüber Italien aufgeben, dafür aber vorschlagen wird, Österreich ebenfalls in den Pakt aufzunehmen, sobald das Land seine Souveränität erhalten hat.

Die Römer beschäftigt aber im Augenblick etwas ganz anderes: Liegt Petrus, der Gründer der Kirche, wirklich unter der Peterskirche? Diese uralte Frage, an der die ganze christliche

Welt Anteil nimmt, erregt wieder einmal die Gemüter, seit aus Umbrien die Nachricht kam, man habe in der Ortschaft Bettona zwischen Perugia und Assisi drei »sensationelle Holztäfelchen unter römischen Siegeln« gefunden. Die Inschriften sollen darauf hindeuten, daß die sterblichen Überreste des Apostels Petrus im dritten Jahrhundert von drei Christen heimlich aus Rom entführt worden seien. Man habe sie vor den römischen Christenverfolgern retten wollen und nach Umbrien gebracht. Kompetente Kreise der christlichen Archäologie in Rom haben die Nachricht mit größter Skepsis aufgenommen. Es sei nicht das erste Mal, so wurde erklärt, daß man plötzlich irgendwo Tafeln mit »tollen« Inschriften gefunden habe. Meistens habe sich herausgestellt, daß es sich um Mystifikationen oder um Betrug handelte. So etwa im Fall des Archäologiestudenten Cannata, der auf dem Palatin aufsehenerregende Inschriften auf Tontafeln gefunden haben wollte. Er hatte sie selbst fabriziert. Die angeblichen Funde bei Assisi sind nun Holztafeln, und es ist wohl unglaubhaft, daß drei Tafeln mehr als 1500 Jahre überstanden haben sollen. Durch einen Wünschelrutengänger, seines Zeichens Apotheker, sind sie entdeckt worden. Dieser Signore Caladari machte allerdings schon einmal als archäologischer Entdecker von sich reden. Er fand unter dem Bischofspalais von Assisi die Reste eines Janus-Tempels. Die Archäologen machen gegen seinen Fund vor allem geltend, die drei Holztafeln von Bettona hätten unter einer dünnen Erdschicht gelegen. Das vermeintliche Grab , das noch immer nicht gefunden ist, suche man in viel tieferen Schichten. Schon das beweise, daß die neue Sensation äußerst fragwürdig sei und daß man gut daran tue, letzte und eindeutige Ergebnisse abzuwarten.

Gesehen – Gehört, 3. Februar 1955

Die Schlagzeilen, in denen der Name Montesi über Monate immer wiederkehrte, sind aus den Zeitungen verschwunden und mit ihnen auch die kleinste Notiz über diesen »Skandal des Jahrhunderts«. Was ist geschehen? Ist wirklich alles »niedergeschlagen« worden, wie der kleine Mann pessimistisch meint? Sind auch die Kommunisten müde geworden, im »Sumpf der römischen Gesellschaft« zu wühlen, seit man sie durch die peinlichen Enthüllungen über einen der ihren, den Advokaten Sotgiu, aus dem Konzept gebracht hat? Aber auch über den Fall Sotgiu findet man kein Wort mehr in den italienischen Blättern.

Nun, das umfangreiche Material, das der Leiter der Untersuchungskommission zusammengetragen hat, liegt bei der Staatsanwaltschaft. Ende Februar soll der Prozeß beginnen, und zwar vermutlich gegen die inzwischen aus der Untersuchungshaft entlassenen Verdächtigen: Piero Piccioni und Ugo Montagna. Im Augenblick aber ist die Bühne dunkel. Auch der Zuschauerraum ist leer. Und die Figuren, die die Bühne einst belebt haben, leben, wenig beachtet, ihr Leben wie andere Menschen auch. Aber wo leben sie? Und wie leben sie?

Raffaello Sepe, berühmt geworden durch seine unerbittlichen und gewissenhaften Untersuchungen im Fall Montesi, hat nach getaner Arbeit einen Nervenzusammenbruch erlitten. Die Ärzte haben ihm Ruhe verordnet; er ist mit seiner Familie aufs Land gezogen. Trotzdem wird er Ende Februar zurückkehren, das Ergebnis der Untersuchungen aufrechterhalten und bestätigen und somit im Prozeß mitwirken. Der Prozeß selbst soll – angeblich – nicht in Rom stattfinden.

Piero Piccioni, der Sohn des ehemaligen Außenministers hat im Gefängnis begonnen, ein Konzert zu komponieren. Jetzt hat er sich in Rom in sein Studio eingeschlossen, um die Musik für einige Dokumentarfilme zu schreiben. Der Termin bis zur Ablieferung ist kurz bemessen. So bleibt ihm wenig Zeit, an den Fall Montesi zu denken. Er ist, so heißt es, vollkommen ruhig und wünscht sich, daß der Prozeß stattfinde, damit seine Unschuld ein für allemal unwiderruflich festgestellt werde.

Attilio Piccioni, der zurückgetretene Außenminister, hat sich von dem schweren Schlag, den die Verhaftung seines Sohnes für ihn bedeutete, wieder erholt. Er widmet sich seiner Familie. Zum ersten Mal in seinem Leben hat Piccioni Vater Zeit.

Ugo Montagna, der einst als Salonlöwe bekannte Marchese, lebt bescheiden und zurückgezogen, hauptsächlich in Gesellschaft seines greisen Vaters. Er ist im Gefängnis stark abgemagert, hat aber jetzt sein normales Gewicht wiedererlangt. Seine alte Lebenslust jedoch nicht. Wohl hat er versucht, sich wieder ins Geschäftsleben zu stürzen und den Immobilienhandel wieder aufzunehmen, ist dabei aber auf Schwierigkeiten gestoßen. Viele einflußreiche Freunde haben ihn verlassen, viele Geschäftsleute mißtrauen ihm. Es heißt, er habe in den letzten Monaten 150 Millionen Lire eingebüßt. Seine gerichtlichen Angelegenheiten betrachtet er zuversichtlich und sagt, die Gerechtigkeit werde siegen. Er hat die Absicht, natürlich falls er rehabilitiert wird, gegen seine ehemalige Geliebte, Anna Maria Caglio, die gemeinsam mit dem Journalisten Muto die Affäre Montesi ins Rollen brachte, vorzugehen.

Tommaso Pavone, Ex-Chef der Polizei, unter allen Beteiligten die vielleicht rätselhafteste Figur, befindet sich in einer unklaren Situation. Es gibt keine Anschuldigungen gegen ihn, und trotzdem war er der erste, der mit seiner Stellung für den Fall Montesi bezahlen mußte. Bisher ist er nur zweimal als Zeuge verhört worden. Theoretisch steht er noch immer dem Innenministerium zur Verfügung, obwohl er vom Dienst suspendiert wurde. Auch Pavone sagt, daß er in Ruhe seine Rehabilitierung erwarte und hoffe, in den öffentlichen Dienst zurückzukehren.

Silvano Muto, der junge Journalist, der sich durch die Aufdeckung des Falles Montesi auf atemberaubende Weise in den Vordergrund gespielt hatte, lebt mit Frau und Kindern in der Nähe Roms. Er muß seine Nerven schonen, die durch das für den Publizisten nicht immer glückliche Abenteuer oft bis zum Zerreißen angespannt waren. Sein größter Wunsch war es, seine so berühmt gewordenen Zeitschrift »Attualità« wieder zum Leben zu erwecken; aber bald ging das in neuem Gewand erschienene Blatt wieder ein. Es fand nicht den Absatz und das Interesse, das er voraussetzte, sondern wurde ein Verlustgeschäft von zehn Millionen Lire. Muto ist, wie seine Feinde und Gegenspieler, ebenfalls überzeugt, daß das Gericht ihm recht geben wird. Vom Journalismus hat er allerdings genug und will wieder einen Posten als Assistent an der Universität nehmen.

Adrianna Bisaccia, die Existentialistin, Prototyp des abenteuernden Mädchens aus der Provinz, deren Stellung in der Montesi-Affäre noch völlig ungeklärt ist, ist in sich gegangen. Sie hat das »verrottete« Milieu verlassen, in dem sie sich in Rom mit Vorliebe bewegte, und ist die brave und erfolgreiche Angestellte einer Fabrik für kosmetische Erzeugnisse geworden. Mit Prospekten und Mustern reist sie durch Italien und hat nicht mehr den Wunsch, durch eine fragwürdige Publicity berühmt zu werden. Sie will in Ruhe arbeiten und in Ruhe leben wie andere bürgerliche Mädchen.

Anna Maria Caglio, der »schwarze Schwan«, auch »Tochter des Jahrhunderts« genannt, lebt in einem Kloster in Florenz. Sie fürchtet sich vor der Öffentlichkeit, insbesondere vor Journalisten und den Passanten auf den Straßen, die sie anstarren, sooft sie über die Straße geht. Die Post bringt ihr zu Dutzenden Angebote von Filmfirmen, die sie früher nicht erhalten konnte, als sie den Weg in den Cinecittà, das römische Hollywood, über den Marchese Montagna suchte. Aber Caglio scheint keine Lust mehr zu haben, öffentlich aufzutreten. Sie trägt einen Mantel mit einer Kapuze, und wo immer ein Fotoreporter ihr auf der Straße auflauert und einen Schnappschuß machen will, zieht sie die Kapuze rasch übers Gesicht.

Auch für die Familie Montesi haben sich die Zeiten geändert. Jeden Sonntag pilgern sie einsam zum Grab der Tochter Wilma, die ein ganzes Land in Aufregung und politische Wirren gestürzt hat. Die Sägemühle der Montesis geht schlecht. Die Kunden bleiben aus. Vater und Mutter Montesi sind verbittert, denn sie begreifen nicht, warum sie zu allem Überfluß die Opfer dieser unseligen Affäre sein sollen. Einmal hat eine römische Zeitung zu einer Hilfsaktion für die Familie aufgerufen. Die Montesi dankten, aber mit Bitterkeit, denn sie wollen keine Almosen, sondern Arbeit. Dasselbe sagten sie auch der Braut des bekannten italienischen Komikers Totò, die eines Tages mit Geschenken beladen kam, weil sie von der Armut Montesis gehört hatte. Die Schwester Wanda, die Wilma Montesi so ähnlich sieht, hat unlängst geheiratet. Ihre Freunde sagen, sie habe wieder lächeln gelernt.

Mauritio d'Assai – so wird Prinz Moritz von Hessen in Italien genannt –, der durch mysteriöse Umstände in den Skandal hineingezogen wurde, ist längst völlig rehabilitiert nach Deutschland abgereist und bereitet sich an der Universität Kassel auf seine Doktorprüfung in Agrarwissenschaft vor.

Das ist übriggeblieben von einer Bühne, auf der es von sogenannten Existentialisten, Salonlöwen, Industrie-Rittern, Justizfanatikern, Ministern, Journalisten und Schauspielern nur so wimmelte. Alle schienen Anhänger eines »freien, vorurteilslosen« Lebens zu sein. Alle zeigen heute eine auffallende Neigung, brav und bürgerlich zu werden, jeder auf seine Art. Allerdings ist die politische Spekulation, die man an Hand des Falles Montesi versucht hat, für die politischen Extremisten Italiens fehlgeschlagen. Der politische Kurswert des Falles Montesi steht damit in der römischen Propagandabörse auf Null.

Zeit im Funk, 3. Februar 1955

Auch in den Römern steckt ein wenig vom Wesen der Schildbürger. Obwohl ihnen das deutsche Städtchen Schilda unbekannt sein dürfte, wissen sie von diesem Wesenszug und haben genug Selbstironie, ihn zuzugeben. Voller Selbstironie sind zum Beispiel heute die stolzen Kommentare zur Eröffnung der römischen Untergrundbahn. Es gibt noch immer ein paar Ahnungslose, die nicht wissen, wo diese U-Bahn ist und wie sie denn über Nacht entstanden sein soll. Sie haben so unrecht auch nicht, denn die römische U-Bahn ist sozusagen fertig geworden, nachdem es sie längst gab.

Ihre Geschichte ist nämlich fast so alt wie die Geschichte Roms und hat – wie Rom – auch ihre Legende. Die Metropolitana, vom Volk spöttisch »Mussolinis weißer Marmor-Elefant« genannt, ist sechzehn Jahre alt, also ein ausgewachsener Backfisch. Sie war ursprünglich geplant als Weg in die Weltausstellung E 42 – heute EUR –, ein makabrer, leerstehender Baukomplex an der Ausfahrt nach Ostia. Die neue Republik, die das Erbe von Mussolinis Geisterstadt und den fragmentarischen U-Bahntunneln übernahm, hatte natürlich in den ersten Nachkriegsjahren andere Sorgen, als Geld in diesen Marmor-Elefanten zu stecken, der zum dankbaren Objekt für viele Witze der steuerzahlenden Römer und zur Zielscheibe für die etwas weniger humorvollen Angriffe der kommunistischen Opposition wurde.

Die U-Bahn ist zweifellos sehr modern, sehr schön und sehr schnell. Ein Traum in Neonlicht, voll von technisch-dekorativen Effekten. Graublaue Stromlinienwagen sind gebaut worden, jeder zu 52 Sitzplätzen. Ein Wagen kann jedoch bis zu 200 Personen fassen. Ein Fahrschein kostet 40 Lire – im Stadtgebiet also fast doppelt soviel wie ein Autobusfahrschein. Die U-Bahn, das ist der erste Wermutstropfen, fährt aber leider nur zwei Stationen »Untergrund«: Termini – Via Cavour. Dann verwandelt sie sich in eine Art Obergrundbahn, die über die Cestius-Pyramide und St. Paul in das neue Siedlungsgebiet vor den Toren der Stadt führt. Sie endet im Grünen, in einer Endstation aus weißem Marmor an der Via Laurentina, die von beachtlicher Häßlichkeit ist und ziemlich isoliert auf weiter Flur liegt. Der zweite Wermutstropfen: Die Metropolitana fährt nur viermal am Tag. Man wird also gut daran tun, sich einen Fahrplan anzuschaffen, um in ihren Genuß zu kommen. Der Genuß ist aber größer als der in anderen Metros. Denn auf der vier Kilometer langen Untergrundstrecke − die Gesamtstrecke bis zur EUR beträgt 9,6 km − sieht man bezaubernde Dinge: antike Figuren, die bei den Ausgrabungen gefunden und in den Tunnelwänden angebracht wurden. Und der Höhepunkt: ein kleiner, in magischem Licht glänzender See. Es ist eine richtige Grottenfahrt, sehenswert, wenn auch vorläufig noch wenig praktisch. Zwanzig Millionen Dollar hat das Wunderwerk bis heute gekostet.

Rom hat somit als letzte europäische Großstadt ein hypermodernes Verkehrsmittel erhalten, obwohl es vielleicht die erste Stadt war, die sich mit dem Gedanken daran trug. Das älteste Projekt wurde schon zur Zeit der Pferdebahnen und Trams gemacht. Damals fehlten aber die technischen Voraussetzungen. Auch war der Verkehr so bescheiden, daß es sich kaum gelohnt hätte. 1887 legte der Ingenieur Linotti einen Plan vor, nach dem die Stadt eine Metro nach dem Muster der Pariser und Londoner Schwestern bekommen sollte. Die Befürchtungen, Roms Altertümer könnten durch die Grabungen bedroht werden, waren aber so groß − und sind es bis in die Gegenwart geblieben −, daß man davon Abstand nahm. Schließlich setzte sich Mussolini über alle Bedenken hinweg und griff ein Projekt auf, das ihm geeignet schien: Eine U-Bahn sollte die Besucher der von ihm geplanten Weltausstellung im Jahre 1942 vom Bahnhof bis vor die Tore der Stadt bringen. Unter dem Vorzeichen der faschistisch-mystisch-pompösen Bauidee wurde der Bau begonnen. Beim ersten Spatenstich gab es Fahnenschwenken, Uniformen und Jubel.

Aber zur Weltausstellung kam es nicht, und der Bau wurde nie beendet.

Heute wird nun Staatspräsident Einaudi im ersten Wagen durchs Zielband fahren, und im Laufe der Zeit wird Rom es wahrscheinlich auch noch zu einem richtigen U-Bahn-Netz bringen. In diesem Sinn rufen die Römer der Anfängerin − zwischen Stolz und Ironie schwankend − zu: »Buon viaggio, Metropolitana.«

Gesehen − Gehört, 10. Februar 1955

In Italien trägt sich etwas sehr Merkwürdiges, mit deutschen Augen gesehen sogar Unverständliches zu. Das italienische Königshaus, das seine Zelte im Exil aufgeschlagen hat, nachdem Umberto II. nach dem letzten Krieg durch eine Volksabstimmung mit knapper Mehrheit abgelehnt wurde, steht im Mittelpunkt der Anteilnahme des ganzen Volkes. Der Grund ist die Hochzeit der erstgeborenen Tochter Umbertos, der 20jährigen Maria Pia von Savoyen, mit dem Sohn des Exkönigs von Jugoslawien Alexander Karageorgewitsch. Man hat in Rom fast das Gefühl, als finde die Hochzeit hier statt und nicht in Cascais, einem Modebad bei Lissabon im fernen Portugal.

Wie ist es zu erklären, daß ein Volk, das die Demokratie als Staatsform gewählt hat und mit ihr im großen und ganzen auch zufrieden ist, mit einer geradezu stürmischen Begeisterung an der Hochzeit der Tochter seines Ex-Monarchen teilnimmt? Es gibt eine Erklärung: die Vorliebe der Italiener für Prunk und Glanz, für das Decors, mit einem Wort − für die äußeren Formen der Monarchie. Die Italiener halten darum auch bewußt an diesen äußeren Formen fest. Es ist bezeichnend, daß Staatspräsident Einaudi im Quirinal wohnt, dem alten Königspalast. Es ist bezeichnend, daß die Leibgardisten beibehalten wurden. Das Volk will es so. Sein Traditionsbe-

wußtsein ist sehr groß. Bezeichnend ist auch, daß Ministerpräsident Scelba unlängst die Villa Madama als Wohnung
bezogen hat.

Rom steht im Zeichen von Reise- und Hochzeitsvorbereitun-
gen. Neben der hohen Aristokratie reisen zahlreiche Vertreter
der monarchistischen Partei ab, an ihrer Spitze der Parteiführer Covelli. Jedes Detail der Vorbereitungen und des Pro-
gramms wird von der gesamten Presse, von ganz links bis ganz
rechts, spaltenlang kommentiert. Maria Pia, die keine ausge-
sprochene Schönheit ist, wird gepriesen als reizvolles, liebens-
wertes und modernes Mädchen. Ihr Ausspruch: Wir heiraten
nicht, um die zwei Reiche zu verschmelzen, sondern nur aus
Liebe, hat alle tief gerührt. Auch Alexander Karageorgewitsch, ein ehemaliger Flieger der Royal Air Force und später
angeblich Agent eines griechischen Waffenhändlers, hat alle
Sympathien.

Neben der alten Aristokratie und dem Heer von italienischen
Journalisten und Fotoreportern reist aber auch die »neue
Aristokratie«. Dazu gehören zum Beispiel Emilio Schuberth,
Roms Modeschneider Nummer 1, und die Geschwister Fon-
tana, die ebenfalls ein international bekanntes Modehaus
führen. Fünfzig Kleider hat Maria Pia für die Festtage zur
Verfügung. Für ihr Brautkleid hat man 21 Meter Atlasseide
gebraucht. Ihr Vater Umberto hat ihr ein Diamantendiadem
geschenkt, das sie am Altar tragen wird. Aus der ganzen Welt,
vor allem aber aus ganz Italien, treffen Geschenke ein. Vom
Staatspräsidenten Einaudi bis zum kleinen Blumenzüchter
aus San Remo, der eigens für die Braut eine neue Rose gezüch-
tet hat, läßt sich keiner die Freude des Schenkens nehmen. Die
Hochzeitsgeschenke für diese romantische Hochzeit haben
einen Wert von annähernd drei Millionen Mark.

Die Zahl der Gäste, darunter neunzig königliche Prinzen, ist
auf 1200 festgesetzt. Aus Deutschland kommen die Prinzen
von Hohenzollern, Württemberg, Hessen und Bayern. Um die

komplizierten Tisch- und Tagesordnungen zu organisieren, braucht man einen Hofmarschall und einen Zeremonienmeister. Für die Italiener liegt allerdings ein Schatten auf der Hochzeit: Das heilige Sakrament wird vorher aus der Kirche getragen, auch eine Messe darf nicht zelebriert werden, obwohl der Papst seinen Sonderdispens erteilt und vermutlich auch seinen Segen schicken wird. Denn Maria Pia ist katholisch und Alexander orthodox.

Die Beschreibung aller Phasen dieser Hochzeit gehen ins Uferlose, aber wer in Italien würde nicht gerne hören, daß Attilio, der erste Friseur Roms, Maria Pia frisieren wird. Und wer würde nicht gern hören, daß kleine Mädchen in italienischen Regionaltrachten vor der portugiesischen Kirche Spalier stehen werden. Angesichts dieser echten Anteilnahme für die Hochzeit im Exil wird man sich fragen, ob denn in den Italienern nicht doch ein heimlicher Wunsch nach der Rückkehr der Königsfamilie lebe. Man läßt sich jedoch die unschuldige Freude an deren äußeren Formen nicht nehmen. Dazu kommt, daß die Italiener eine besondere Vorliebe für Bräute haben und für die Festlichkeiten einer Hochzeit. In einem Land, in dem de jure eine Ehe unauflöslich ist, ist die Hochzeit etwas über alle Maßen Geheiligtes. Auch dem reichsten Mädchen, das im Myrthenkranz zur Kirche geht, wird der Ärmste eine Blume zuwerfen. Er wird es ohne Neid bewundern, denn in diesem Augenblick gibt es keine sozialen oder politischen Ressentiments. So wird auch der allgemeine Enthusiasmus für die Hochzeit Maria Pias verständlich. Er gilt der Braut und der glänzenden Aufmachung und kaum den Monarchisten und ihren Bestrebungen.

Auslandskorrespondenten, 11. Februar 1955

Sieht man vom Gianicolo auf Rom hinunter, vermerkt man, daß kein Fabrikschornstein das Stadtbild stört. Rom ist die einzige Hauptstadt der westlichen Welt ohne Industrie. Und doch sind in Rom in den letzten Jahren Unternehmen entstanden, die eine Großmacht im Lande bilden. Es ist die Schwarz-Weiß-Industrie des Films in der Cinecittà, die sich am Stadtrand von Rom ausbreitet und heute in der Filmindustrie des Westens nach Hollywood den zweiten Platz einnimmt.

Diese Industrie hat Italien einen neuen Mythos geschenkt: Gina »nazionale«, den Star Nummer Eins der Republik, die neuerdings die »Duse des Films« genannt wird – eine durchaus nicht »himmlische« Duse, sondern eine sehr irdische. Gina Lollobrigida, in der sich alle italienischen Volkseigenschaften zu verbinden scheinen, filmt im Augenblick nicht. Sie hat sich – zusammen mit 26 Mailänder Malern – in eine Mailänder Hotelhalle einsperren lassen, um ihnen vier Tage lang je zwanzig Stunden Gelegenheit zu geben, sie zu malen. Am Ende der Sitzungen wird sie das Bild kaufen, das ihr am besten gefällt. Das Urteil, das sie damit über die italienische Malerei abgeben wird – es sind konservative und moderne Maler aller Richtungen gewählt worden –, erwartet man mit Spannung. Dieses Bild der Lollobrigida hat das Interesse des Volkes für die Malerei neu geweckt. Wenn auch nur einer der Maler den Lorbeer davontragen kann, so haben doch auch die anderen Bilder von Gina, noch ehe sie fertig sind, hohen Kaufwert. Das ist ein Novum – nicht nur in Italien.

Ginas Experiment ist sofort populär geworden und wird von den italienischen Künstlern begrüßt, weil es Gelegenheit gibt, die Beziehungen zwischen den Künstlern und der Gesellschaft auf eine vielleicht etwas ungewöhnliche, aber nicht ganz und gar unmögliche Art wiederherzustellen. Da sich die Lollobrigida in den Augen der Italiener oft ins Bild gegeben hat, erwartet man von ihr auch einen guten Geschmack, etwas, was die meisten Italiener auch ohne besondere Bildung in hohem Grade besitzen. In die Waagschale geworfen wird freilich auch, daß sie einen gebildeten Mann hat, der den in Rom lebenden Deutschen gut bekannt ist, denn er war oft Gast im Hause des berühmten Archäologen Ludwig Curtius. Man darf also mit Recht gespannt sein.

Als die Maler die Schauspielerin fragten, welche Art von Malerei sie liebe, erklärte sie: »Mir gefällt die Kunst, die zu ergreifen vermag und etwas zu sagen hat. Sehr liebe ich die venezianische Malerei vom Ende des 17. bis zum Beginn des 18. Jahrhunderts, wo sich die Freude an der Farbe mit dem Wunsch nach der Sinngebung wirklicher Inhalte verbindet. Aber auch die moderne Kunst gefällt mir. Allerdings nur dann, wenn sie nicht aus Lust an der Zerstörung vernichtet, was die Natur geschaffen hat.«

Sie hielt eine regelrechte, sicherlich vorbereitete Rede, die ihr aber gut stand und durchaus glaubwürdig wirkte. Sie schloß mit den Worten: »Ich weiß nur noch nicht, welches Bild ich kaufen werde, aber ich werde ganz gewiß dasjenige vorziehen, das mich so wiedergibt, wie ich innerlich und äußerlich zu sein glaube. Ich begreife gut, daß ein Künstler sich damit begnügen mag, das wiederzugeben, was er sieht. Aber ich verstehe die Malerei nicht, die alles entstellt und eine Nase dahin verpflanzt, wo man normalerweise das Knie erwartet. Hoffen kann ich nur, daß mir nicht alle 26 Bilder gefallen werden, sonst würde ich in schlimme Verlegenheit geraten.«

Man mag darüber denken, wie man will: Gewiß ist, daß das, was Gina aussprach, zu neunzig Prozent die Meinung aller Italiener ist, und daß sie damit wieder einmal ins Schwarze getroffen hat. Die italienischen Künstler empfinden den Mailänder Wettbewerb, der sich der allgemeinen Anteilnahme wie ein Fußballspiel erfreut, natürlich als »Riesen-Montage« der Filmindustrie. Aber da sie ja nicht selbst ins

Licht der Jupiterlampen und der Öffentlichkeit kommen, wollen sie die Gelegenheit der Annäherung zwischen Film und Kunst nützen.

Zeit im Funk, 18. Februar 1955

Auch im italienischen Senat, im Palazzo Madama, genannt nach Margarete von Österreich, der Tochter Karls V., beginnt heute der Endkampf um die Ratifizierung der Pariser Verträge. Kurz vor Weihnachten wurden sie von der Kammer mit einer für Italien erstaunlichen Mehrheit gebilligt. Für die Westunion traten alle Parteien außer den Kommunisten und dem extremistischen Sozialdemokraten Piedronelli ein.

Welche Chancen hat nun die Union im Senat? Man rechnet im allgemeinen mit einer relativ ruhigen Aussprache, die etwa vierzehn Tage dauern dürfte. Eine Mehrheit für die Pariser Verträge erscheint sicher. Scelba will die Ratifizierung durchsetzen, bevor er nach Amerika reist, wo die Italo-Amerikaner große Feierlichkeiten für ihn vorbereiten. In Washington möchte Scelba vor allem eine großzügige Unterstützung für die Finanzierung des Vegnoni-Schemas erhalten, das heißt für einen zehnjährigen Investierungsplan zur Steigerung des Lebensstandards vor allem im Süden des Landes. Der Innenpolitiker Scelba steht unter einem günstigen außenpolitischen Stern. Im eigenen Haus findet er wenig Gelegenheit zu rosiger Stimmung. Die Mitglieder der Vier-Parteien-Familie, die seinen Sessel stützen, verstehen sich nicht mehr, und es war nicht leicht, so verschiedenartige Elemente wie Liberale und Sozialdemokraten, laizistische Republikaner und katholische Christliche Demokraten zusammenzuhalten. Wie gesagt: In der Außenpolitik wollen alle das gleiche. Streit entsteht dagegen, sobald die längst fälligen sozialen Reformen verwirklicht werden sollen, vor allem die Landreformen. Es sind in erster Linie die Liberalen, die Scelba Sorgen bereiten. In der Partei gab es eine Palastrevolution, als die neuen Agrarverträge zur Regelung der Pachtverhältnisse innerhalb der Landreform endgültig formuliert werden sollten.

Obwohl die beiden liberalen Regierungsmitglieder, de Martino und de Caro, ihnen zustimmten, wurden sie von der Parteiführung radikal abgelehnt. Als ein Kompromiß sich als unmöglich erwies, trat die gesamte Parteiführung zurück. Die Krisengefahr verschärft sich dadurch, daß die drei anderen Parteien jetzt keine Konzessionen mehr machen wollen. Sie sind entschlossen, das soziale Programm zu verwirklichen. Noch in dieser Woche wird der Nationalrat der liberalen Partei in Rom zusammentreten. Dann wird sich zeigen, ob doch noch ein Kompromiß gefunden werden kann.

Eine Regierungskrise würde in Italien zu einschneidenden Veränderungen führen. Fiele der jetzige Mittelblock auseinander, müßten die christlichen Demokraten sich entweder mit den extremistischen Sozialisten Nennis verbinden – was ausgeschlossen erscheint – oder aber mit den Monarchisten und vielleicht mit den Neofaschisten, was wahrscheinlicher ist. Das würde das Ende aller sozialen Reformen im geplanten Sinn bedeuten. Es besteht kein Zweifel, daß der rechte Flügel der liberalen Partei, die immer stärkere konservative Züge entwickelt, eine derartige Neu-Konstellation anstrebt. Es käme dann in Italien zum ersten Mal nach 1945 eine Rechtskoalition zustande, und zwar kurz vor den Präsidentschaftswahlen. Den Linksextremisten wäre eine solche Entwicklung willkommen. Sie wollen zunächst einmal Scelba loswerden und angesichts der enttäuschten Arbeiter und Bauern Unruhe erzeugen. Die Liberalen Italiens stehen daher vor einer auch für Europa schwerwiegenden Entscheidung.

Zeit im Funk, 24. Februar 1955

Italien steht vor einer kleinen Verkehrs-Revolution. Die Fiat-werke haben ein neues Modell fertiggestellt, das die Italiener in Begeisterung versetzt und eine Flut von »Prenotationen« ausgelöst hat. Bisher beherrschte das »Mäuschen« – der Topolino – gemeinsam mit der Lambretta und der Vespa das Straßenbild – letztere nicht nur optisch, sondern vor allem akustisch. In Kürze dürfte aber der neue »Popolare« über seine weniger feinen und weniger dezenten Vorgänger den Sieg davontragen.

Bisher hat noch niemand diese Neukonstruktion gesehen, denn der Wagen soll erst auf der Schweizer Automobil-Ausstellung gezeigt werden. Trotzdem ist es bereits ein offenes Geheimnis, wie es um seine Form und um seine Kapazität steht: Es handelt sich um eine schnittige Limousine mit vier Sitzen und zwei Türen. Der Wagen hat einen Heckmotor mit Wasserkühlung, ist vierzylindrig und hat einen Hubraum von 638 Kubikzentimetern, das Gewicht des Wagens beträgt 570 Kilogramm, seine effektive Potenz 21,5 PS. Kosten wird das kleine Wunder ungefähr 4300 Mark.

Gegenüber vielen anderen Kleinwagen stellt dieser »Popolare« sicher einen Fortschritt dar. Er ist technisch und ästhetisch zufriedenstellend und wird, was den Italienern am wichtigsten ist, schnell und sparsam sein. Seine Höchstgeschwindigkeit soll bei 100 Stundenkilometern liegen, der Verbrauch für 100 Kilometer zwischen 5 und 6 Litern.

Die Fiatwerke beginnen mit einer Anfangsproduktion von 500 Wagen pro Tag, wollen aber bald auf 1000 pro Tag erhöhen. Man rechnet zwar vor allem mit den Italienern als Interessenten, aber natürlich auch mit dem Ausland. Eine entscheidende Kraftprobe wird zeigen, ob der Fiat Popolare dem Volkswagen und dem Renault gewachsen ist, dabei muß man leider schon heute zugeben, daß er um ungefähr 400 Mark teurer ist als der Renault, vor allem viel schwächer als der VW.

Trotzdem wird der Wagen großen Gefallen finden und für den

kleinen Mann in Italien ein bestechender Anreiz sein, obwohl er eben doch immer noch nicht erschwinglich ist und es vorerst für die meisten wohl bei der Vespa bleiben muß, die immerhin noch um zwei Drittel billiger ist und entsprechend weniger braucht – von der steuerlichen Belastung ganz abgesehen. Dessen ungeachtet rechnet man mit einem gewaltigen Zuwachs von zirkulierenden Wagen in Italien und macht sich schon heute Sorgen über die Folgen, denn die italienischen Straßen sind einem noch stärkeren Verkehr nicht gewachsen. Man braucht nur an den Zustand der wichtigsten Straßen des Landes zu denken, an die Via Flaminia etwa, um zu wissen, wo der kritische Punkt liegt. Die meisten Hauptstraßen sind antike Straßen. Sie sind zwar verbreitert und asphaltiert worden, aber sie führen wie zur Zeit des römischen Imperiums hügelauf und hügelab, an Flüssen entlang und dann wieder steil hinaus zu irgendeinem verlassenen Felsennest. Sie gehören zu den halsbrecherischsten Straßen Europas, obwohl sie zweifellos vor zweitausend Jahren vorbildlich waren. Es ist nur ein schwacher Trost, daß die Pläne für eine ausgiebige Modernisierung für Überführungen, Überbrückungen und mehr Tunnels da sind, denn es fehlt am Geld für diese so notwendigen Arbeiten.

Die Italiener sind fanatische Auto- und Motorradfahrer; manchmal scheint es, als ersetzten ihnen die Motoren die alten Götter – so leidenschaftlich wird der Motor-Kult betrieben. Dabei stehen ihnen die häufig unzulänglichen Straßen im Wege. Sie bezahlen ihren Kult teuer: 144 000 Unfälle gab es im Jahre 1953 auf italienischen Straßen, 5000 davon endeten tödlich. Von diesen Unfällen entfielen allein auf Rom 20 000 mit 275 Toten. Der Verkehr konzentriert sich ja vor allem in den Städten, deren Kern mittelalterliche, enge Straßen bilden. So könnte sich in wenigen Jahren in diesem Land ein Verkehrschaos ergeben, das kaum seinesgleichen haben dürfte, obwohl die Statistiken das Gegenteil zu beweisen scheinen.

Denn in Italien sind nur eine Million Autos und Lastautos unterwegs. Erst auf 75 Italiener kommt durchschnittlich ein Auto. In der Bundesrepublik hingegen schon auf 40 Menschen, in Frankreich auf 15, in England auf 14 und in den USA gar schon auf 3. Verglichen mit anderen Ländern ist Italien also noch schwach motorisiert. Aber Geduld, heißt es heute: Mit dem Fiat Popolare S 600 wird sich das ändern!

Auslandskorrespondenten, 1. März 1955

In Rom sieht man die ersten Touristen – für die Geschäftsleute die Vorboten einer besseren Zeit. Diese ersten Ausländer aber, sofern sie sich außer für die Monumente der Ewigen Stadt auch für die menschlichen und politischen Zustände interessieren, staunen vor den Zeitungskiosken: Der falsche Marquese Ugo Montagna verdrängt auf den Titelbildern der Wochenschriften die üppigen Filmstars. »Der Fall Montesi« ist wieder in aller Munde. Montagna ist der Held des Tages. Der Mann, den ein Verdacht ruinierte, wartete geschickt auf seine Stunde. Als der Staatsanwalt ankündigte, er werde nach der Prüfung der Untersuchungsergebnisse ein Verfahren gegen Piero Piccioni, Ugo Montagna und den ehemaligen Polizei-Questor Polito eröffnen, stellte sich Montagna, der schlaue, skrupellose Sizilianer, wieder in das volle Rampenlicht und gab, von Fotografen und Reportern umlagert, bekannt, daß er soeben ein Memoirenwerk von rund tausend Seiten beende. »Ganz Rom wird davor zittern«, fügte er mit der Gebärde eines neuen Nero hinzu. 7000 Namen seien in diesen »Memoiren eines Vergeßlichen« genannt. 7000 Namen von großen und kleinen Leuten. Keiner bleibe verschont. »Ich habe ein Kapitel italienischer Geschichte geschrieben«, erklärte er stolz. »Das Copyright hat ein amerikanischer Verlag erworben. Für mich waren dabei wirtschaftliche Gründe maßgebend. Aus den wichtigsten Teilen meiner Lebenserin-

nerung wird außerdem an den historischen Stätten von Capocotta im ehemaligen königlichen Jagdgebiet ein Farbfilm
gedreht werden. Ich werde darin mich selbst darstellen. Für
einen Teil meiner Honorare und Gagen werde ich Arbeits-
häuser bauen lassen.«

Montagna fühlt sich, wie man hört, sicher. Die widerspruchs-
vollen Zeugenaussagen gegen ihn und Piccioni sind schwach.
Der Prozeß bedeutet keine ernste Gefahr. Dagegen ist der
Zeitpunkt gekommen, die Verluste, die in seinen Immobi-
liengeschäften durch die öffentliche Verfemung eingetreten
waren, auszugleichen. Einsichtige Italiener fragen sich, ob
die Verwilderung der italienische Presse nicht allmählich
gefährliche Formen annehme. Wie könnte man sonst aus
reinen geschäftlichen Gründen fragwürdigen Existenzen à la
Montagna und einem fragwürdigen Machwerk schon im vor-
aus soviel Publicity geben. An sensationelle Eröffnungen
glaubt ohnehin niemand, auch nicht an eine neue schriftstel-
lerische Offenbarung, denn das Buch wird nach Angaben des
Marquese von irgendeinem Dutzendliteraten geschrieben.
Rom denkt nicht daran, sozusagen in Todeserwartung zu
beben und zu zittern. Das ganze riecht nach amerikanischer
Filmpropaganda. Damit aber nicht genug: Auch die ver-
lassene Geliebte Montagnas, Anna Maria Caglio, schreibt
Memoiren. Lebenserinnerungen einer »Tochter des Jahrhunderts«, wie sie sich nennt. Eine freudlose Jugend habe zur
Demoralisierung geführt, das ist das Thema. Kopiert wird –
ohne schriftstellerisches Talent – Françoise Sagan, die be-
gabte Autorin des Bestsellers »Bonjour Tristesse«. Das ganze
hat dem schwarzen Schwan wieder Auftrieb gegeben. Anna
Maria Caglio, die den ganzen Skandal aus Eifersucht und
Rache verursacht hat, lebt nicht mehr im Kloster. Sie feiert
und tanzt in römischen Nachtlokalen, von besagten Touristen
angestaunt, die eine neue Semiramis entdeckt zu haben glauben. Die Römer schütteln den Kopf. Sie haben manchen

historischen Beweis dafür, daß Dummheit zu den zähesten menschlichen Eigenschaften gehört.

Zeit im Funk, 24. März 1955

Es sieht so aus, als habe Italien den kommunistischen Engpaß der Nachkriegszeit überwunden. Das Thema des Tages: Die Diskussion über die Betriebswahlen in den Fiatwerken. Diese Werke sind der Stolz Italiens. Das Unternehmen stellt sich als die größte und zugleich populärste Schwerindustrie Italiens dar. Auch für die kommunistische Partei handelt es sich um einen Musterbetrieb eigener Art. Denn er wurde bis vor kurzen vom kommunistisch gelenkten Gewerkschaftsverband der linksextremistischen Partei gelenkt und war die umstrittene politisch-gewerkschaftliche Domäne Togliattis und Nennis. Heute liegen die endgültigen Ergebnisse der neuen Betriebsratswahlen vom Dienstag vor. Die Linksextremisten erhielten im Jahre 1950 60,3 Prozent der Stimmen in den gesamten Fiat-Betrieben. Diesmal stimmten nur noch 36,6 Prozent für sie. Sie verloren so etwa die Hälfte. Die christliche Gewerkschaft stieg dagegen von rund 24 Prozent im Jahre 1950 auf 40,4 Prozent. Noch bezeichnender ist der Aufstieg der antikommunistischen sozialdemokratischen Gewerkschaft. Gegenüber den 6,4 Prozent von 1950 wählten dieses Jahr 25,5 Prozent die von Saragat beeinflußte Gewerkschaft, die stets eine Politisierung der syndikalistischen Bewegung abgelehnt hatte. Heute hat nun im hochindustrialisierten Turin, wo plötzlich eine gewisse Entradikalisierung der Arbeiterschaft festzustellen ist, der Parteikongreß der Sozialisten Pietro Nennis begonnen. Im Gegensatz zu den anderen sozialistischen Parteien Westeuropas ist Nenni ein Anhänger der Volksfront-Idee geblieben. Er hat sich bisher nie von den Kommunisten trennen können. Der Kongreß seiner Partei beginnt mit einem Erdbeben. Genau zehn Jahre nach dem Ereignis, das die Italiener die Liberazione – die Befreiung – nennen, zehn Jahre nach der Rekonstituierung einer parlamentarischen Demokratie, zehn Jahre nach dem Zusammenbruch des Faschismus, erhebt sich für Nenni und seine Freunde der Bankrott der Volksfront-Politik. Es stehen nämlich die Fiatwerke nicht vereinzelt da hinsichtlich eines abnehmenden Einflußes der ultraradikalen Linken. Nach den Betriebsratswahlen in der letzten Zeit ergab sich in rund hundert anderen größeren Betrieben ein ähnliches Bild. Selbst im Süden des Landes, wo man der rückschrittlichen Verhältnisse wegen einen Linksrutsch erwartete, ist der ultrarote Vormarsch zum Stehen gekommen. Die Nachhut löst sich auf, Desertationen nehmen zu. Auch die Zahl der eingeschriebenen Mitglieder hat abgenommen.

Wie ist das zu erklären? Unabhängige Beobachter der Lage sind der Ansicht, die rücksichtslose Politisierung des gewerkschaftlichen Lebens zugunsten des kommunistischen Parteiprestiges habe die Arbeiter enttäuscht und ermüdet. Sie mußten feststellen, daß die anderen Gewerkschaftsverbände sich sachlicher um ihre wirtschaftlichen und sozialen Interessen kümmerten. Die Arbeiter begannen außerdem, der kommunistischen Demagogie zu mißtrauen. Zu welchen Ergebnissen hatte die fanatische Opposition um jeden Preis geführt? Nach de Gasperi war der verhaßte frühere Innenminister Scelba Ministerpräsident geworden. Der Mittelblock löst sich nicht auf. Im Lande wurde gearbeitet. Neue Industrien, Straßen, Brücken, Wasserdämme, Schulen und Krankenhäuser entstanden. Das Volkseinkommen stieg. Trotz leidenschaftlichen Widerstandes der KP wurden die Pariser Verträge ratifiziert.

Die italienischen Arbeiter lernten allmählich, politische Erlebnisse selbständig zu beurteilen. Die Liquidierung Berijas, der Arbeiteraufstand in Berlin, die Absetzung Malenkows – das alles verfehlte seinen Eindruck nicht. Man spürte in Italien die Unsicherheit, mit der die Leitung der italienischen KP auf alle diese Vorkommnisse reagierte. Togliatti und die mächtige Parteiorganisation verlor manches von ihrer magischen Kraft. Es wäre verfrüht, von einer entscheidenden Schwächung der Linksextremisten in Italien zu sprechen. Die KP ist noch immer eine der stärksten Parteien Italiens und die zweitgrößte kommunistische Partei Europas. Sicher aber ist, daß sie zunächst eindeutig von der Offensive in die Defensive gedrängt worden ist.

Zeit im Funk, 31. März 1955

Die Osterliturgie beherrscht die Ewige Stadt. Pilger und Touristen aus allen Erdteilen bevölkern die Kirchen. Auf dem Corso und auf der Via Veneto geht der Verkehr in ein organisiertes Chaos über. Aber die Stadt zeigt strahlend ihre Gärten und Parks mit Glyzinien, Azaleen und ersten Rosen. In den Ostertagen wächst Rom über seine lokale und nationale Bedeutung hinaus. Die Umrisse der religiösen Metropole werden stärker sichtbar. Die Kirchen sind gleichsam Schnittpunkte der Geschichte. Viele sind in frühchristlicher Zeit entstanden, im Wirbel irdischer Frömmigkeit. Am Sonntag wird Pius XII. urbi et orbi, den Segen, erteilen, nachdem Erzbischof Luigi Traglia, der Vizeregent von Rom, eine Messe im Freien zelebriert hat.

In einer solchen Atmosphäre, die außerdem durch eine fast sommerliche Sonne verklärt wird, verringern sich mit den Schatten des Alltags auch die politischen Konflikte. Sie verschwinden allerdings nicht völlig. Ministerpräsident Mario Scelba kehrt morgen aus Amerika zurück. Er wird im Umkreis seiner Koalition nicht gerade Zufriedenheit vorfinden. In der katholischen Welt Italiens gehen wichtige, wenn vorerst auch nur unterirdische Verwandlungen vor sich. Der Sozialistenführer Pietro Nenni sucht Kontakte – vor allem mit den kleinbürgerlichen katholischen Wählern der Christlich-Demokratischen Partei. Er meint, Sozialisten und Katholiken könnten und müßten sich zugunsten einer praktischen sozialen Gesetzgebung begegnen. Der fortschrittliche Flügel der christlichen Demokraten hat die Hand, die Nenni ausgestreckt hat, nicht zurückgewiesen. Erschwert wird die schon seit langem besprochene »Öffnung nach Links« aber durch die Tatsache, daß Nenni dem christlich-demokratischen Sozialreformer Fanfani zwar die Rechte bot, seine Linke jedoch nicht aus der Togliattis lösen konnte. Die vielen Jakobiner in den unteren Rängen seiner Aktivisten wollen die sogenannte gemeinsame Aktionsbasis mit den Kommunisten nicht aufgeben. Dennoch hat die katholische Mitte Italiens die Tür, die zu einer Begegnung führen könnte, nicht abgeriegelt, wenn sie vorerst auch vorsichtig geschlossen wurde. Ist Nenni aufrichtig, oder will er nur mit einem roten Trojanischen Pferd in die schwarze Mitte eindringen?

Auf den Osterausflügen wird über diese Frage viel diskutiert werden. Die Mißtrauischen meinen, Nenni wolle – mit Togliatti im Hintergrund – die Mitte durch sein angeblich realistisches und reformistisches Angebot nur schwächen. Ganz anders denkt der größere Teil der Optimisten. Sie meinen, Nenni habe Angst vor der Möglichkeit einer Rechtskoalition, durch die alle sozialen Reformpläne zunichte gemacht würden. Das Ergebnis wäre eine weitere Lähmung der sozialistischen Partei nach einer nun schon zehnjährigen bloßen Opposition. Die Betriebsratswahlen in industriellen Großbetrieben Italiens haben gezeigt, daß die Arbeiter einer ideologischen Politik im Stil der klassenkämpferischen Theorie des 19. Jahrhunderts müde zu werden beginnen.

Die Frage, »geht Rom nach links oder rechts«, wird die italienische Innenpolitik über Ostern hinaus beherrschen. Die Probleme selbst zeigen, daß die politischen Beziehungen sich etwas entspannt haben. Man will miteinander reden, eine gemeinsame Basis finden, um das zu erreichen, was die kon-

struktivsten Politiker Italiens wollen: den Armen in den Not-
standsgebieten des eigenen Landes helfen, zum ersten Mal
seit 1 ½ Jahrtausenden wirklich helfen. Noch niemals in der
Geschichte des geeinten Italiens ist ein solches Gespräch
zwischen Katholiken und Sozialisten versucht worden. Der
Marxist Nenni hat das Christentum auf dem Parteikongreß in
Turin zum Erstaunen seiner jakobinischen Anhänger als eine
noble Religion bezeichnet. Wird der Geist der österlichen Auf-
erstehung dazu beitragen, all das sozusagen Fleisch werden
zu lassen – oder bleibt vom neuen Kurs Nennis nur der Geruch
eines rhetorischen Feuerwerks übrig? Die Zukunft wird es
zeigen.

Zeit im Funk, 7. April 1955

Der Bürger Luigi Einaudi, sieben Jahre lang Präsident der
neuen Republik Italiens, wird in wenigen Tagen aus dem
königlichen Quirinal ausziehen. Die sieben Jahre seiner
Amtszeit gehen am 11. Mai zu Ende. Schon am 28. April treten
beide Häuser in Rom zur Wahl eines neuen bürgerlichen Präsidenten zusammen. Es ist so gut wie sicher, daß Einaudi eine
neue Kandidatur ablehnt. Der ehemalige Professor für Wirtschaftswissenschaften in Turin, ein Mann der Feder und der
Bücher, ist 81 Jahre alt geworden. Er möchte sich zurück-
ziehen, um wieder ganz der Wissenschaft und Publizistik
leben zu können. Wieder tritt – nach Sforza, Orlando und de
Gasperi – eine bedeutende Figur Italiens von der politischen
Bühne ab.
Luigi Einaudi ist ein ausgezeichneter republikanischer Staatschef gewesen. Er hatte Geduld und Takt. Er wußte viel und
hatte Geschmack. Peinlich genau hütete er die Verfassung, und
das war seine wichtigste Aufgabe, denn seine Rechte waren
begrenzt. Er repräsentierte den Staat, ohne ihn zu beherrschen, und war Symbol für die nationale Einheit. Während

seiner Amtszeit hat er dramatische Momente gekannt: schwere Kabinettskrisen, Aufstände und Streiks. Die Extremisten haben ihn aber als sichersten Bewahrer der Verfassung empfunden. Es war nicht leicht – nach der zweijährigen provisorischen Präsidentschaft von de Nicola – Präsident eines Volkes zu sein, das eben erst vor die Frage »Republik oder Monarchie« gestellt worden war. Am 2. Juni 1946 gaben die Italiener zehn Millionen Stimmen für die Monarchie und zwölf Millionen Stimmen für die Republik ab. Diese zwei Millionen Mehrheit war nicht ermutigend. Fast die Hälfte der Italiener beobachtete zunächst mißtrauisch, wie sich das neue republikanische Oberhaupt benehmen werde. War Donna Ida, Einaudis Gattin, auch nur annähernd mit einer Königin zu vergleichen? Einaudi und sein Frau haben die Probe eines ersten Präsidenten in einem Lande der Monarchie, der Prinzipate, Volkstribune und Diktatoren bestanden. Sicher und weltkundig hat Einaudi ausländische Staatsoberhäupter empfangen. Aber auch für die Wünsche und Sorgen seiner Mitbürger hat er – wie kaum je ein König in Italien – Verständnis gehabt. Zwei Millionen Briefe hat er während seiner siebenjährigen Präsidentschaft erhalten, Notrufe von Arbeits- und Obdachlosen, von verzweifelten Pensionären, aber auch von unglücklichen Verliebten, von Erfindern, Magiern und Dichtern. Jede Woche erhielt er ein Manuskript mit einer neuen Lösung der Quadratur des Kreises. Selbst ein Epos wurde über ihn verfaßt, es heißt »Einaudiana«. In diesem Fall verzichtete der Präsident auf Einflußnahme bei seinem Verleger – aus Bescheidenheit.

Viel weniger klar als diese sieben Jahre einer vergangenen Präsidentschaft sieht die Situation vor der Wahl für Einaudis Nachfolger aus. Der Verfassung nach kann jeder Italiener Staatspräsident werden, sofern er fünfzig Jahre alt ist und die staatsbürgerlichen und politischen Rechte besitzt. Bei der Wahl Einaudis war die Lage einfach. Italien ist ein laizistischer Staat. Die christlichen Demokraten verzichteten daher auf einen Kandidaten, weil sie nicht den Eindruck erwecken wollten, dieser laizistische Staat werde indirekt von der Kirche beeinflußt. Man einigte sich verhältnismäßig rasch auf den alten liberalen Piemontesen. Heute stellt die Christlich-Demokratische Partei einen eigenen Kandidaten, den Senator Adone Zoli, Präsident des Nationalrats der Partei, ehemaliger Vizepräsident des Senats und ehemaliger Minister. Ebenso verfahren die anderen Parteien oder Parteigruppen. Die Linksextremisten haben einen ehemaligen Partisanenanführer, den Unabhängigen Ferruccio Parri, vorgeschlagen, der schon einmal Ministerpräsident war. Er hat jedoch keine Aussichten, die notwendige Zweidrittelmehrheit bei der ersten Abstimmung zu erhalten, das sind 435 von 563 Stimmen. Auch Zoli wird die Zweidrittelmehrheit nicht erreichen. Selbst wenn alle Abgeordneten der Vierer-Koalition ihn stützen sollten, würde er beim ersten Wahlgang eine Niederlage erleiden. Bei der zweiten Wahl – für die die einfache Mehrheit von 422 Stimmen genügt – wären seine Aussichten gut. Bisher haben aber die Republikaner und Sozialdemokraten, die zur Koalition gehören, einen eigenen Kandidaten, und zwar den sozialdemokratischen Abgeordneten Rossi. Die Liberalen werden, sobald Einaudi offiziell abgelehnt hat, den jetzigen Außenminister de Martino präsentieren. Die Monarchisten und Neofaschisten treten für Pella ein, weil er sich immer mehr nach rechts entwickelt hat. Schließlich wird als ein aussichtsreicher Kandidat für die Mitte und unter Umständen auch für die Rechte der Senatspräsident Merzagora von der sogenannten »Gemischten« parlamentarischen Gruppe der Unabhängigen genannt. Merzagora ist allerdings Großindustrieller, ein Mann der Hochfinanz und nicht gerade die geeignete Figur für den linken Flügel der christlichen Demokraten Fanfanis.

Es bleiben somit im Mittelpunkt der »Rosa dei nomi« – der Rose von Namen – Zoli und Merzagora, der Mann der linken und der Mann der rechten Mitte. Fanfani und seine Anhänger treten für Zoli ein. Man wittert in Rom, daß auch Nenni seine Partei für Zoli stimmen lassen wird, um eine Wahl Merzagoras zu verhindern und um seinen guten Willen zu einer politischen Zusammenarbeit mit der sozialreformistischen Mitte zu beweisen.

Zeit im Funk, 14. April 1955

Ganz Italien ist aufgeregt. Die italienischen Politiker sind kopfscheu geworden. Im Parlament hat man heute Fernsehkameras aufgestellt. Italien und ein Teil Europas werden zusehen, wenn morgen die Mitglieder beider Häuser, des Senats und der Kammer, insgesamt 833 Abgeordnete und Senatoren, den dritten Präsidenten der Republik wählen. Verwirrt sind alle, weil die Parteien und Parteigruppen sich 24 Stunden vor diesem feierlichen Akt noch nicht über Kandidaten einigen konnten. Über die angesehensten Namen ist viel diskutiert worden. Fast die ganze politische Elite Italiens wurde zitiert. Ein bekannter italienischer Journalist hat jeden einzelnen von ihnen befragt, keiner schien von der Aussicht, gewählt zu werden, beglückt zu sein. Keiner wußte, wie es um seine Chancen steht. Der Journalist schloß seine Untersuchungen mit der Bemerkung: »Es könnte eine der viel genannten Persönlichkeiten siegen, aber auch ein ganz Unbekannter, der bisher in der Öffentlichkeit nicht einmal erwähnt worden ist.« Wer ist nun zumindest in die engere Wahl gekommen? Zunächst hat der gegenwärtige Präsident Luigi Einaudi in dieser Lage, die die Italiener selbst als chaotisch bezeichnen, trotz seiner Weigerung Aussicht, wiedergewählt zu werden. Im Vordergrund stehen die Präsidenten der Kammer und des Senats. Senatspräsident Merzagora ist ein vermögender Industrieller. Er tritt politisch als Unabhängiger auf, wird aber in der Senatorenliste der Christlich-Demokratischen Partei geführt. Da in dieser größten Partei keine Einigkeit darüber bestand, ob man einen eigenen Kandidaten aufstellen sollte, hat Merzagora eine gewisse Chance. Ministerpräsident Scelba wies auf das Beispiel der deutschen Bundesrepublik hin. Ein Staatschef soll nicht der größten Partei angehören, die mit der Regierungsbildung beauftragt wird. Als Favorit gilt ferner der Kammerpräsident Gronchi. Merzagora dürfte die Stimmen der Rechten erhalten, Gronchi die der Linken.

Es folgen je nach der Quotierung: Außenminister Martino, ein Liberaler, der Präsident der Liberalen Partei, de Caro, sowie der Präsident der Sozialdemokratischen Fraktion, Paolo Rossi, ein hervorragender Jurist.

Es würde zu weit führen, alle anderen Namen zu nennen, die als »Reserve für den Notfall« bereitgehalten werden. Tatsache ist, daß der Wahlvorgang – es handelt sich um eine geheime Abstimmung – immer mehr in die Abhängigkeit zufälliger Konstellationen zu geraten droht.

Zeit im Funk, 27. April 1955

Um 10.00 Uhr öffnete Kammerpräsident Gronchi die Sitzung. Schon eine Stunde später wurden die Ergebnisse des ersten Wahlganges bekannt gegeben. Der Kandidat der Linken, Professor Ferruccio Parri, ein Links-Republikaner, erhielt die meisten Stimmen, nämlich 308. Sie reichten für die Zweidrittelmehrheit von 562 Stimmen, die in den ersten drei Wahlgängen erforderlich sind, nicht aus. Es folgen Senatspräsident Cesare Lersagora mit 226 Stimmen, Staatspräsident Einaudi mit 120, Kammerpräsident Gronchi mit 30 und der Landesreformer und christlich-demokratische Abgeordnete Antonio Segni mit 12 Stimmen. Die Rechte gab 89 weiße Zettel ab: die Monarchisten aus Protest gegen die republikanischen Staatsreformen, die Neofaschisten, weil sie aus demagogischen Gründen grundsätzlich überhaupt nur noch protestieren. Das Ergebnis des ersten Wahlganges ist in mehrfacher Hinsicht interessant. Togliatti und Nenni haben wieder bewiesen, daß sie ihre alte Volksfront-Einheit erhalten und öffentlich zum Ausdruck bringen wollen. Die Unterstützung Parris bedeutet ferner ein Bekenntnis zum kompromißlosen Antifaschismus, denn Parri gehörte zu den geistigen Kräften des Widerstandes und des Partisanenkriegs. Die bürgerlichen Kräfte Italiens offenbarten ihre Uneinigkeit in der Auseinandersetzung um die Kandidaten, vor allem aber ihre Starrheit im Bezug auf das Parteiprestige. Die christlichen Demokraten haben sich nach gestern nacht, in letzter Stunde also, darüber geeinigt, den Senatspräsidenten Merzagora zu wählen, aber nicht alle werden vor der Wahlurne so diszipliniert wie die Kommunisten und Nenni-Sozialisten gehandelt haben. Es war für die extreme Linke dennoch ausgeschlossen, Parri durchzubringen. Parri hat seine Kandidatur denn auch zurückgezogen. Trotzdem brachte auch der zweite Wahlgang keine Entscheidung. Auch der dritte, der ebenso die Zwei-Drittel-Mehrheit erfordert, wird kaum das endgültige Ergebnis bringen. Erst nach dem vierten Wahlgang, dessen Ergebnis Freitag, wenn nicht erst Sonnabend vorliegen dürfte, wird man wissen, wer der neue Präsident der italienischen Republik sein wird. Für den letzten Wahlgang ist nur noch die einfache Mehrheit erforderlich. Vor dieser Schlußrunde werden die bürgerlichen Parteien wohl zu einer Einigung kommen. Sicher ist, daß der neue Präsident Italiens ein Anhänger der parlamentarischen Demokratie sein wird und ein Garant dafür, daß Italien seine gegenwärtige Bündnispolitik fortsetzt.

Zeit im Funk, 28. April 1955

Seit der Wahl Gronchis sind die Parteien in Bewegung. Das neue Schlagwort im Parlament und in den Ministerien heißt: Chiarificazione – Klärung. Was soll geklärt werden? Der histo-

rische Ballast, der an den Begriffen von »links« und »rechts«
hängt, soll abgeschüttelt werden. In der größten Mittelpartei,
der Christlich-Demokratischen, könnten die Spaltungstendenzen sonst zu einer Auflösung dieser Partei in zwei Rest-
parteien führen: eine halb auf der Linken, die andere halb auf
der Rechten. Nicht zuletzt ist die Vierer-Koalition gefährdet.
»Wird Scelba sich behaupten können?« fragt man schon ganz
offen.

Man hat gesagt, Gronchi sie ein »Präsident der Linken«, das
entspricht nicht den Tatsachen. Er erhielt zwar die Stimmen
der Kommunisten und der Nenni-Sozialisten, aber auch die
der Mitte und sogar einige der Rechten. Gronchi gehört zum
Typ der Politiker-Generation, die nach dem ersten Weltkrieg
heranwuchs und eine Entspannung der Polarität von links und
rechts anstrebt. Gronchi und ähnlich Gesinnte meinen, diese
Abgrenzungen stammten noch aus dem 19. Jahrhundert. Das
20. Jahrhundert verlange eine Synthese. Italien müsse eine
Politik der sozialen Reformen verwirklichen, ohne einer Dik-
tatur des Proletariats zu verfallen. Rom müsse eine Hüterin
christlicher Werte bleiben, man dürfe jedoch nicht dulden,
daß reaktionäre Mächte mit klerikaler Hilfe Italien in einen
Polizeistaat zurückverwandeln.

Man hat damit den Hintergrund, auf dem die kommende
Krise in Rom sich abspielen wird. Scelba muß nach dem
Amtsantritt Gronchis am 12. Mai verfassungsgemäß zurücktreten. Was dann geschehen wird, ist noch unbestimmt. Ob er
bleibt oder ob der jetzige Wirtschaftsminister Vanoni Ministerpräsident wird, kann nur die Zukunft zeigen. Wichtiger
ist, ob die Vierer-Koalition hält und die Christlich-Demokratische Partei ihre Einheit bewahren kann − ob also die
Tendenzen von »links« und »rechts« unter dem höheren
Gesichtspunkt fruchtbarer Entspannung ausgeglichen werden können. Viele meinen, Gronchi sei der Mann, der diese
Wendung herbeiführen könne. Sie würde jedenfalls für Ita-

lien eine gewisse Stabilität bringen und dem Parlament endlich Gelegenheit geben, konstruktive Gesetze zu erlassen und sozialpolitische Maßnahmen zu treffen, auf die das Land schon lange wartet. Gegenwärtig ruht der Radikalismus in Italien. Er kann aber, verpaßt man die günstige Gelegenheit, jederzeit wieder entfesselt werden.

Zeit im Funk, 6. Mai 1955

Als der neue Staatspräsident Gronchi seine Wohnung verließ, um vor dem Parlament seinen Eid zu leisten, läuteten die Glocken vom Palazzo Montecitorio, Sitz des Hauses. Auf dem Platz präsentierte eine Kompanie Carabinieri, eine Schwadron Kavallerie flankierte mit wehenden Fahnen den Palast. Nach der Verlesung einer Botschaft, in der Gronchi versicherte, über den Parteien zu stehen und Garant der Verfassung zu sein, ertönten 101 Kanonenschüsse. Vor dem Parlament bildete sich dann ein feierlicher Zug, an der Spitze der neue Staatspräsident, nun in Amt und Würden, neben ihm Ministerpräsident Mario Scelba, von dem man heute noch nicht weiß, ob er morgen noch sein wird. Die Wagenkolonne durchquerte halb Rom über Corso und Piazza Venezia zum Quirinal, dem alten Kardinalsschloß, einst Sitz der Könige von Savoyen. Unter klingender Marschmusik hielt der neue Hausherr, von Einaudi empfangen, seinen Einzug in das Schloß mit den hundert Sälen. Hochgewachsene Kürassiere mit weißen Helmbüschen, deren Offiziere schon beim letzten König Dienst taten, begleiteten den ehemaligen Studienrat, Kaufmann, Abgeordneten, Kammerpräsidenten und Gewerkschaftler, bis sich die Tore hinter ihm schlossen. Vor kurzem begann das zweite Jahrzehnt der Geschichte der neuen italienischen Republik. Mit Gronchi als Staatspräsident dürfte der Versuch eines inneren Ausgleichs beginnen.
Was an der Zeremonie der Amtseinsetzung auffällt, ist die

Tendenz der zeitgenössischen italienischen Politik, auch der Republik den farbigen Glanz zu verleihen, der einst das äußere Auftreten der Monarchie kennzeichnete. Die alte königliche Garde ist geblieben, nur die Königskrone ist aus den Uniformen verschwunden. Dafür prangen auf den Rückenpanzern Wappen und Fahnen der Republik. Gronchi wird in dem Riesenpalast zwanzig Räume bewohnen, zweihundert Diener stehen ihm zur Verfügung. Sie tragen phantasievolle Hofkleidung. Wenn also auch der neue Bürger im Quirinal, der aus dem christlichen Gewerkschaftswesen kommt, in einem gewissen Sinne den königlichen Hermelin beibehält und keineswegs eine republikanische Toga anzieht, so liegt für die Italiener darin eine große Weisheit.

Die Erinnerung an Pomp und Bildhaftigkeit, an prunkhafte Repräsentationen in monarchischen Zeiten kann man nicht durch eine unsinnige und bildfeindliche Bürokratie verdrängen. Der Staat, in diesem Fall die Republik, braucht augenfällige, ja augenfällige Symbole. Den Italienern liegt das puritanische Grau nicht. Sie wünschen, daß auch der Staat sich in ästhetischer Weise manifestiert. Auch das Historische will sein Recht. Rom fordert zu traditionalistischem Empfinden heraus. Auch Gronchi, der Mann der sozialen Reformen, hat sich diesem südlichen Lebensgesetz gebeugt. Mehr noch: Sein Einzug in den Quirinal wurde noch feierlicher gestaltet als der seines Vorgängers Einaudi.

Wird es in Italien nun gelingen, den anonymen »Büroadel«, die sachliche Welt der Wirtschaftsmanager durch eine neue Leistungs- und Bildungsaristokratie zu überwinden, indem man Formen der Vergangenheit in die neue Zeit hinüberrettet? Das Volk liebt den nüchternen Stil einer bloßen sachgebundenen Administration keineswegs. Es verachtet vielfach das, was man hierzulande die Demagogen-Aristokratie der Massenparteien nennt. Der Staat muß in humaner, konkreter Form auftreten. Vieles weist beim Amtsantritt des dritten ita-

lienischen Staatspräsidenten darauf hin, daß die Republik
volkstümlich zu werden beginnt, weil die mit der Vergangenheit — wenigstens in äußeren Formen — nicht radikal gebro-
chen hat. Auf den Straßen Roms hört man, es sei besser, einen
Kopf im Hermelinmantel auf dem Thron zu haben als einen
Hermelinmantel ohne Kopf.

Zeit im Funk, 12. Mai 1955

Die amerikanische Botschafterin hatte dem Ministerpräsidenten Scelba — und allen, die es sonst wissen wollten —
erklärt, die Wahl Gronchis zum Staatspräsidenten habe sie
sehr überrascht. In allen Parteien war man über diesen Man-
gel an politischem Takt bestürzt. Wollte Amerika drohen? Italien etwa Industrieaufträge wegnehmen, Anleihen sperren?
Scelba und Außenminister de Martino nahmen Stellung: Italien denke nicht an eine Kursschwenkung. Auch Gronchi ließ
durch eine Agentur Ähnliches versichern, wenn auch nicht
ganz so klar wie de Martino und Scelba.
Hinter den Kulissen ging das amerikanisch-italienische Duell
weiter, während Washington schwieg. Dann schien sich plötzlich alles in Wohlgefallen aufzulösen. Ein neues italienisch-
amerikanisches Handelsabkommen mit wesentlichen Erleich-
terungen für Italien wurde von Scelba und Clare Boothe Luce
feierlich unterzeichnet. Die amerikanische Botschafterin wurde
von Gronchi empfangen und ließ sich von ihm erneut versichern, daß die Freundschaft zwischen Amerika und Italien
unverändert stark sei und andauern werde. Als Clare Boothe
Luce den Quirinal verließ, sagte sie den Journalisten, das
Gespräch mit dem Mann, dem sie so deutlich ihr Mißtrauen
gezeigt hatte, sei »very friendly« gewesen. Nur diese beiden
Worte, nichts weiter.
Was aber dann wie eine Bombe einschlug, war die Nachricht
aus der amerikanischen Botschaft in Rom, Clare Boothe Luce

werde für anderthalb Monate nach Amerika auf Urlaub fahren. Was war geschehen? Wie konnte einer der wichtigsten Diplomaten die italienische Hauptstadt kurz vor den Sizilien-Wahlen, während einer Regierungskrise und zu einem Zeitpunkt verlassen, da durch die sogenannte Entspannungsphase zwischen Washington und Moskau die ganze internationale Politik in Bewegung geraten ist? Es fehlt natürlich nicht an Stimmen, die behaupten, Mrs. Clare Boothe Luce werde nicht nach Rom zurückkehren. Sie habe sich nicht zum ersten Mal ungeschickt benommen und gefährde daher die italienisch-amerikanische Zusammenarbeit. Mrs. Luce hat betont, sie trete ihren üblichen Urlaub lediglich etwas früher als sonst an. Sie wird Rom morgen verlassen. Niemand kann schon mit Sicherheit sagen, ob sie wiederkehren wird oder nicht. Entscheidungen dieser Art werden nur in Washington selbst getroffen. Man darf erwarten, daß Dulles unmittelbar von Mrs. Luce hören möchte, aus welchen Gründen sie Wendungen in der italienischen Außenpolitik befürchte.

Vor dem Abflug von Mrs. Luce hat Außenminister de Martino noch einmal betont, Italien wünsche eine Entspannung zwischen Ost und West, lehne aber eine Neutralisierung ab. Tatsache ist, daß die Mitte- und Rechtsparteien der gleichen Meinung sind. Italien will zur Entspannung beitragen, aber an seinen Allianzen nichts ändern. Das Wiener Beispiel wird also in Rom nicht Schule machen. Im Gegenteil. Viele erwarten, Italiens strategische Bedeutung des Südens werde jetzt wachsen.

Zeit im Funk, 26. Mai 1955

Auch in Rom hat die sowjetische Note an Bonn ihre Tiefenwirkung ausgelöst. Die Italiener sind der Meinung, der Besuch der Sowjets in Belgrad, über dessen Bedeutung und Tragweite man soviel herumgerätselt habe, finde nach der Einladung an

Adenauer eine ganz natürliche Erklärung. Die Sowjets hätten zunächst einmal in Belgrad das Eis brechen wollen, um freier in Richtung Bonn segeln zu können. Ihre zumindest äußere Distanzierung vom Kominform habe den Zweck gehabt, gerade Bonn davon zu überzeugen, daß der Kreml jetzt eine Politik der realistischen Zweckmäßigkeit anstrebe. Die unabhängige Presse Italiens bringt zum Ausdruck, man brauche nicht zu befürchten, daß die Bundesrepublik ein neues Locarno anstrebe. Die Deutschen und ihre repräsentativste Figur, Adenauer, fühlten sich fest mit dem Westen verbunden. Es bestehe kein Grund, ihnen zu mißtrauen. Man müsse aber auch verstehen, daß sie den leidenschaftlichen Wunsch nach Wiedervereinigung hätten. Für die kommunistische Partei Italiens ist die sowjetische Einladung an Adenauer noch schwerer zu verdauen als der Besuch Chruschtschows in Belgrad. Das kommunistische Parteiorgan »Unità« hatte sich daran gewöhnt, Adenauer, Arm in Arm mit Foster-Dulles, als den größten Kriegshetzer aller Zeiten zu bezeichnen. Für Togliatti war Adenauer geradezu ein Symbol für die angeblichen neuen Expansionstendenzen des deutschen Militarismus und der Großindustrie. Adenauer und seine Kreise hätten keine andere Absicht, als mit Hilfe der Amerikaner einen neuen Krieg gegen den Osten zu führen, um zumindest zu einer neuen Teilung Polens zu gelangen. Was Tito angeht, so hatte er immer als der klassische Verräter an der übernationalen Sache des Kommunismus gegolten. Die italienischen Kommunisten haben es schwer. Sie müssen nun die neuen sowjetischen Tendenzen — die Annäherung an Belgrad und Bonn — ihren oft recht simplen Anhängern als eine Meisterleistung der Sowjetdiplomatie erklären, während sie selbst kopflos werden, weil ihnen eine propagandistische Karte nach der anderen aus der Hand gewunden wird.

Zeit im Funk, 9. Juni 1955

Der Haupteingang von Radio Bremen in der Heinrich-Hertz-Straße
Mitte der 50er Jahre.

Foto: Radio Bremen

Nachwort
Die Geschichte einer Wiederentdeckung

Der Nachruhm, der ihr zuteil wurde, ist ebenso ungewöhnlich wie ungebrochen. Seit Ingeborg Bachmann am 17. Oktober 1973 in der Römischen Klinik Sant' Eugenio im Alter von nur 47 Jahren starb, hat sich ihr literarischer Ruhm als unerschütterlich erwiesen. Der Lorbeer war ihr früh gewiß. Ein schmaler Gedichtband, »Die gestundete Zeit«, begründete 1953 ihren Aufstieg und machte sie zu einer populären, vom Publikum geliebten und vor allem gelesenen Schriftstellerin. Das Gesetz des laut Schiller »allmächtigen Glücks«, das schon manche Bachmann-Kritiker in Erstaunen versetzte, blieb ihr bis heute treu.

Dabei wird man, was Ingeborg Bachmann bei ihrem Tod an gedruckten Büchern hinterließ, nicht eben üppig nennen dürfen: zwei Lyrikbände, zwei Bände mit Erzählungen, den Roman »Malina«, der ihr 1971 späten Bestsellerruhm verschaffte, einen Sammelband mit verstreuten Texten, die Büchner-Preisrede von 1964, zwei Hörspiele. Überhaupt das Radio ...

Daß Ingeborg Bachmann dem Rundfunk viel zu verdanken hat, zählt zu den gesicherten Erkenntnissen in ihrer Biographie. Wie kein anderes Medium trug das in den fünfziger und beginnenden sechziger Jahren in Blüte stehende Radio zur Verbreitung und zur Popularisierung ihrer Texte bei und sicherte ihr darüber hinaus wesentlich die ökonomische Existenz als freie Schriftstellerin. Was immer sie den deutschen Landesrundfunkanstalten lieferte, ist gut dokumentiert und hinreichend beschrieben. Lediglich, daß es bisher nicht gelang, das Sendedatum ihres Radio-Essays über Robert Musils »Mann ohne Eigenschaften« ausfindig zu machen, wurde gelegentlich als Desiderat in einer Fußnote vermerkt. Das war Stand der Dinge bis vor einem Jahr. Am 13. und

79

14. März 1997 veranstalteten die Historischen Kommissionen des »Börsenvereins des Deutschen Buchhandels« und der ARD in Verbindung mit dem »Deutschen Rundfunkarchiv« im Marbacher Literaturarchiv eine Tagung zum Thema »Buch, Buchhandel und Rundfunk 1950−1960«. Dort wurde die Spur gelegt, die schließlich im Archiv von Radio Bremen zur Wiederauffindung von 34 Bachmann-Texten führte, die ihr Werk um einige interessante Facetten erweitern.

»Italien steht vor einer kleinen Verkehrs-Revolution. Die Fiat-Werke haben ein neues Modell fertiggestellt, das die Italiener in Begeisterung versetzt«. Der Text, der so anhebt, gilt dem »Fiat Popolare S 600«, der im Frühjahr 1955 vom Band lief und es in der Spitze auf 100 Stundenkilometer brachte. »Die schnittige Limousine mit vier Sitzen und zwei Türen«, so heißt es weiter in dem Fahrbericht, »hat einen Heckmotor mit Wasserkühlung, ist vierzylindrig und hat einen Hubraum von 638 Kubikzentimetern, das Gewicht des Wagens beträgt 570 Kilogramm, seine effektive Potenz 21,5 PS.« Die eingeschränkte Lobeshymne (»viel schwächer als VW«) auf das damals 4300 Mark teure Vehikel stand in keiner Autozeitung und wurde überhaupt nie gedruckt.

Radio Bremen sendete den Bericht am 1. März 1955 in seinem damals einzigen Hörfunk-Programm unter der Rubrik »Auslandskorrespondenten«. Was bisher kaum jemand ahnte: Verfaßt hat den Text Ingeborg Bachmann. Für ein knappes Jahr, vom Juli 1954 bis zum Sommer 1955, versorgte sie die Radiostation im Norden als römische Korrespondentin mit politischen Novitäten und − wenn es sich ergab − auch schon mal mit Notizen aus der italienischen Automobilwelt. Oder, wenn die Tagespolitik partout nichts hergab, mit feuilletonistischen Anmerkungen zu den österlichen Touristeninvasionen auf der Via Veneto. Was die Radio-Korrespondentin Bachmann schreibt, handelt vom ganz gewöhnlichen politischen Alltag in der römischen Metropole, in der sie seit 1953 lebte. Sie berichtet von langweiligen Parlamentsdebatten, die ein »Bild verschlafener Idyllik« bieten, von mysteriösen Kriminalfällen im gehobenen Milieu, listigen Partei-Intrigen und Polizeipräsidenten auf Abwegen, von dreisten Mafia-Umtrieben und eingebildeten oder tatsächlichen kommunistischen Umsturzversuchen und Anstalten der »roten Burgherren«, sich die Armee ihren Zielen gefügig zu machen. Mal reportiert sie Naturkatastrophen und Überschwemmungen im Süden der Republik, mal Visiten fremder Staatsoberhäupter und durchreisender Minister.

Als sich katholische Gemüter erregen, ob Kirchengründer Petrus wirklich unter der Peterskirche liegt, bringt die österreichische Protestantin den Fall mit viel Feingefühl ihren Glaubensbrüdern im Norden Deutschlands nahe. Die Ratifizierung der Pariser Verträge im Senat erörtert sie ebenso routiniert wie Betriebsratswahlen in den Fiat-Werken, bei deren Analyse sie »eine gewisse Entradikalisierung der Arbeiterschaft« ausmacht.

All dies erledigt sie mit einer Genauigkeit und Detailkenntnis, die von ihren Auftraggebern angesichts ihrer hohen Professionalität in einer Mischung aus Verblüffung, Hochachtung und unverhohlenem Stolz dankbar quittiert wird. Denn als Auslandskorrespondentin liefert Ingeborg Bachmann ein umfassendes Bild aus dem Berichtsgebiet; sie beobachtet und schreibt mit einem fein entwickelten Gespür für die Interessen ihrer weit entfernten Zuhörer. Die Folgen steigender Arbeitslosenzahlen illustriert sie ganz praktisch: »Ein großer Teil der Bevölkerung kann sich für einen Stundenlohn zum Beispiel nur 100 g Butter oder 1 kg Spaghetti kaufen«. Als im Oktober 1954 eine außerordentliche Naturkatastrophe den Süden Italiens heimsucht und dreihundert Menschen in den Tod reißt, benennt sie ohne Umschweife die wahren Ursachen in der schwerwiegenden und von höchster staatlicher Stelle sanktionierten wirtschaftlichen Vernachlässigung und arroganten Geringschätzung des Südens. Wenn sich die politisch

Gewaltigen in hochfahrender Pose über die »Triestfrage« ent-
zweien und die »Heimkehr« der im Krieg verlorenen Stadt an
der Adria zur nationalen Schicksalsfrage erheben, erinnert sie
an Wichtigeres: »Die Italiener haben mit ihren Alltagssorgen
genug zu tun«.

Italien galt Ingeborg Bachmann stets als zweite Heimat. Sie
besaß profunde Kenntnisse der Politik, der Literatur, des
Films und der Musik des Landes und hatte sich nicht erst
kurzfristig angelesen, wovon sie in ihren Beiträgen berichtete. In Klagenfurt aufgewachsen, wenige Kilometer von der
Grenze zum südlichen Nachbarn entfernt, war Italienisch ihre
zweite Sprache, die sie – wie schon der Vater – perfekt beherrschte, so perfekt, daß Uwe Johnson seiner Kollegin sogar
die italienische Übersetzung der Werke Sigmund Freuds
fälschlicherweise andichtete. Jedenfalls bedeutete der Sprung
in den Süden für Ingeborg Bachmann keine sentimentale oder
gar romantische Entscheidung. Bei ihr findet sich keine Spur
von verklärter Sehnsucht der meisten Südlandreisenden: »Man
pilgert heute nicht mehr nach Italien. Ich habe kein Italiener-
lebnis«, notierte sie einmal. Als sie im Spätsommer 1953 nach
Italien übersiedelte, bezog sie zunächst in Forio auf Ischia, im
Haus des Komponisten Hans Werner Henze Quartier, dann in
Neapel, ehe sie sich in der Stadt der sieben Hügel niederließ,
wo sie zwanzig Jahre später unter nie ganz geklärten Umständen an den Folgen schwerwiegender Brandverletzungen ster-
ben sollte.

Rom war für Ingeborg Bachmann nicht die »ewige«, sondern
eine »selbstverständliche Stadt«, nicht Inbegriff und Höhepunkt abendländischer Zivilisation und Kultur. Ihr gefiel der
laute und chaotische Ort, der nicht Kontemplation, sondern
Widersprüchlichkeiten provozierte. In einem Essay »Was ich in
Rom sah und hörte«, den sie 1955 für die Literaturzeitschrift
»Akzente« verfaßt hatte, fand sie den »Tiber überhaupt nicht
schön«. Der Duft des Oleanders komme gegen den »Geruch

von Unrat und Verwesung« nicht an. Ihrer römischen Liebe tat das nicht den geringsten Abbruch. Ganz im Gegenteil: »In Italien habe ich gelernt, Gebrauch von meinen Augen zu machen, habe schauen gelernt. In Italien esse ich gern, gehe ich gern über eine Straße, sehe ich gerne Menschen an.« Ingeborg Bachmann als römische Korrespondentin – das war, wie ein Blick in die über vierzig Jahre im Archiv vergessenen und jetzt aufgefundenen Texte belegt, ein seltener Glücksfall. Daß der Schatz mit nahezu vierzig bisher unentdeckten römischen Kommentaren überhaupt gehoben wurde, verdankt sich den Hinweisen Oswald Döpkes[1], der zwischen 1949 und 1962 Chefdramaturg und seit 1953 auch Hörspielchef bei Radio Bremen war und in dieser Zeit dazu beitrug, den guten Ruf des Senders zu begründen. Literarische Berühmtheiten gingen im Funkhaus an der Heinrich-Hertz-Straße ein und aus. Gottfried Benn und T. S. Eliot, Hans Weigel und Herbert Eisenreich lasen hier aus ihren Manuskripten. In diese Liste trug sich bald auch Ingeborg Bachmann ein. Wie bei ihren prominenten Kollegen nahm Bremen offenbar eine Sonderstellung für sie ein. In einem Brief, den sie im Mai 1956 an Oswald Döpke richtete, erinnerte sie sich so: »Die Abende und Nächte bei Ihnen waren so schön, und ich hab schon immer versucht, Herrn Westermann[2] klarzumachen, daß Bremen deswegen einen besonderen Platz in meiner Erinnerung hat.«[3]
Der Zufall hätte es nicht besser fügen können, daß dem aufgehenden Stern am deutschen Poetenhimmel im Januar 1957 der von Rudolf Alexander Schröder gestiftete »Bremer Litera-

---

1. Geb. 1923, 1949–1962 Chefdramaturg bei RADIO BREMEN, Regisseur und Autor von Hörspielen, Bühnenstücken, Fernsehspielen. Lebt in München.
2. Geb. 1925, bis 1962 Chefredakteur Hörfunk bei RADIO BREMEN. Lebt heute in München.
3. Oswald Döpke, »Ich weiss nämlich gar nicht, wohin ich gehen soll. Ingeborg Bachmann in Briefen aus den Jahren 1956 und 1957«, in: du, Die Zeitschrift der Kultur, Heft Nr. 9, September 1994, S. 36–39.

turpreis« verliehen wurde, schon damals eine der angesehenen und begehrten literarischen Auszeichnungen. In der hanseatischen Kaufmannsstadt und ihrem Rundfunksender war Ingeborg Bachmann ein stets gern gesehener und hofierter Gast. Doch daß sie auch leicht verderbliche Korrespondentenware für den Bremer Funk lieferte, das ist neu und war nicht einmal den Bachmann-Bibliographen bekannt. Dabei hätten sie nur wörtlich nehmen müssen, was Oswald Döpke bei der Veröffentlichung seiner zwischen 1955 und 1971 gepflegten Bachmann-Korrespondenz geringfügig falsch datiert angemerkt hatte: »Im Frühjahr 1956 war Ingeborg Bachmann erneut bei uns in Bremen gewesen. Hans Herbert Westermann, der Chefredakteur, hatte sie auf Empfehlung von Gustav René Hocke als politische Auslandskorrespondentin für Italien gewinnen können.«

Alle Texte der Auslandskorrespondentin Bachmann fanden sich – vierzig Jahre nach ihrer Entstehung – im Archiv des Bremer Senders unversehrt wieder und werden hier erstmals in schriftlicher Form publiziert. Auch die Honorarabrechnungen haben sich erhalten. Wie die Unterlagen ausweisen, wurde demnach auf das römische Konto von Dr. Ingeborg Bachmann gezahlt, Piazza della Quercia Nr. 1, Rom, meistens pauschal. Diese und andere Honorare, etwa aus der Hörspielabteilung, quittierte die finanziell nicht besonders gut gestellte Empfängerin in geradezu überbordender Weise: »Hab vielen Dank für die Lebensrettung, ich wollte Dir ja gleich schreiben und danken für diese rasche Überweisung«.[4]

Eingefädelt hatte die Bremer Korrespondententägigkeit der für die »Süddeutsche Zeitung« aus Rom schreibende Gustav René Hocke, der nebenbei auch aktuelle politische Beiträge für Radio Bremen lieferte. Hocke hatte Hans Herbert Westermann für die Dauer einer längeren Abwesenheit »eine junge

---

4. Ebd. S. 38

Österreicherin« als seine Vertreterin empfohlen. Sie sei sehr professionell, kenne sich im Land aus, schreibe ausgezeichnet und Geld könne auch sie gut gebrauchen. Mit Ingeborg Bachmann war Hocke gut befreundet. Beide gehörten zu einem kleinen Zirkel deutschsprachiger Schriftsteller in Rom, der sich regelmäßig im Café Doney in der Via Veneto traf und zu dem auch Marie-Luise Kaschnitz, Hermann Kesten und Toni Kienlechner gehörten.

Westermann zögerte nicht und engagierte Ingeborg Bachmann auf der Stelle, zumal er in Erfahrung gebracht hatte, daß die junge Autorin bereits über einige Radioerfahrung verfügte, die sie als »Script-Writer« und spätere Redakteurin beim Wiener Radio-Sender »Rot-Weiss-Rot« erworben hatte. Fortan klingelte gewöhnlich montags in Rom das Telefon, und die Redaktion besprach mit ihrer Korrespondentin ein Thema. Tags darauf diktierte Ingeborg Bachmann ihren Text telefonisch ins Stenogramm, das dann eine Schreibkraft abtippte und dem Chefredakteur in Bremen zur Korrektur vorlegte. Wie schon einige Zeitungsartikel, die Ingeborg Bachmann aus Rom zur gleichen Zeit für die in Essen verlegte »Westdeutsche Allgemeine Zeitung« schrieb, zeichnete sie die Bremer Radio-Korrespondenzen mit dem Pseudonym Ruth Keller. Nach eigenen Angaben machten die römischen Reportagen Westermann nur Freude und kaum je Arbeit. Hier und da ein Strich, mehr blieb für die Redaktion nicht zu tun.

Die römischen Korrespondenzen sind übrigens nicht die einzigen Bachmann-Schätze im Archiv von Radio Bremen. Am 19. Mai 1961, einige Wochen vor der Drucklegung, ging die Funkfassung der berühmten Titelerzählung »Das dreißigste Jahr« als gleichsam auditive Erstausgabe über den Äther[5] —

5. U. d. T. »Das dreißigste Jahr. Eine Monologerzählung von Ingeborg Bachmann.« Der Text wurde am 4. April 1961 bei Radio Bremen produziert, am 19. Mai erstmals ausgestrahlt und seither mehrmals wiederholt sowie von anderen ARD-Anstalten nachgesendet.

gelesen und produziert von Gert Westphal und Oswald Döpke. Für den Bremer Hörspielchef hatte Ingeborg Bachmann auch die Theaterposse ihres Klagenfurter Landsmannes Robert Musil, »Vincenz und die Freundin bedeutender Männer«[6], für den Funk bearbeitet. Auch dieses Band liegt noch im Original vor, wie es im Februar 1959 ausgestrahlt worden war. Die Reflexion »Ferragosto«[7] wurde zuerst bei Radio Bremen im August 1957 gesendet − angekündigt als »Sommerliches aus Rom« − und von der Autorin ergänzt um den früheren Essay »Was ich in Rom sah und hörte«.

Wie nicht zuletzt diese überraschenden Funde beweisen: Das letzte Wort im Fall der Ingeborg Bachmann ist noch längst nicht gesprochen.

Jörg-Dieter Kogel
Bremen, November 1997

---

6. In der Regie von Oswald Döpke am 12.11.1958 bei Radio Bremen aufgenommen, am 13.2.1959 erstmals gesendet und mehrmals wiederholt.
7. Siehe Ingeborg Bachmann, Werke, Bd. 4. Essays, Reden, Vermischte Schriften, Anhang, hg. v. Christine Koschel, Inge von Weidenbaum, Clemens Münster. München: Piper 1982, S. 336 f.

Anmerkungen

Die abgedruckten »Römischen Reportagen« folgen wortgetreu der »originalen« telefonischen Übermittlung von Ingeborg Bachmann an Radio Bremen. Offenkundige Übermittlungsfehler wurden stillschweigend korrigiert.

Der folgende Anmerkungsteil bezeichnet, nach Sendedatum geordnet, alle redaktionellen Korrekturen und Eingriffe. Streichungen sind in eckige Klammern [...] gesetzt, Ergänzungen durch <u>Unterstreichung</u> markiert und Umformulierungen *kursiv* gedruckt.

10. August 1954

Denn diese »dritte« Revolution unterscheidet sich, nach Analysen italienischer Kommunisten, von der ersten in den Jahren 1919/20 und von der zweiten der Jahre 1944/46 durch den Verzicht auf Improvisationen – durch den Verzicht <u>darauf</u>, mit ungeschulten, rasch entzündbaren und ebenso rasch wieder abkühlenden Volksmassen zu »arbeiten«.

Der sogenannte Durchschnittsitaliener ist sich über die neue Streikstrategie, [die noch näher zu kennzeichnen sein wird,] nicht *im klaren*. Für den Ausgang des Konflikts zwischen den beiden einzigen politisch relevanten Blöcken – nämlich der extremen Linken und der Mitte – könnte nur die Haltung des Kleinbürgertums entscheidend werden.

Im übrigen beherrscht die Tour de Suisse mit den Chancen des Meisterathleten Italiens, Fausto Coppi, die Vorstellungswelt des kleinen Mannes. [Ihn ergreift es, wie dieser populäre Matador erfahren muß, daß sein Stern zu sinken beginnt, daß er vielleicht – wie weiland Samson – einer Liebesaffäre wegen seinem Ehrgeiz eine andere Richtung gegeben hat. Tagesgespräch ist auch die überraschende Wende im Montesi-Skandal: die Durchsuchung der Redaktion der »Attualità«, der Zeitschrift des Journalisten Muto, der den »Fall« ins Rollen brachte und die Verhaftung seiner zweiten Kronzeugin Adriana Bisaccia.] In dieser [anscheinend ganz unpolitischen Atmosphäre, dieser] politischen Windstille geht das große kommunistische Streik-Sommer-Manöver so gut wie unangefochten weiter.

11. August 1954

Rom erwartet mit Spannung die offizielle Veröffentlichung der neuen britisch-amerikanischen Vorschläge zur Lösung des Triestproblems.

Ein großer Teil der Bevölkerung kann sich für einen Stundenlohn zum Beispiel nur 100 g Butter oder 1 kg Spaghetti <u>kaufen</u> oder 1 kg Brot oder 125 g Rindfleisch oder 1 kg Obst kaufen.

9. September 1954

Im Verlauf einer neuerlichen *Leichenöffnung* hatte sich inzwischen ergeben, daß die Montesi gar nicht am 9. November, sondern erst am 10. April gestorben war.

22. September 1954

Sofort nach der Verhaftung Piccionis und Montagnas hatte Ministerpräsident Scelba mit <u>Innenminister</u> Fanfani eine –

wie es heißt − dramatische Unterredung über die aus der Situation resultierenden Probleme.

30. September 1954

Mit dem Vertrauen, *auf das Scelba rechnen darf,* könnte die schwerste Regierungskrise, die die Demokratie in Italien seit Kriegsende durchzustehen hatte, als abgewendet *angesehen* werden.

13. Januar 1955

Die Etappe Rom, so erklärte der französische Ministerpräsident weiter, habe ihm neuen Grund zum Optimismus gegeben und er, [meinte er] sei auch in bezug auf die kommenden Gespräche in Baden-Baden optimistisch.

3. Februar 1955

Zum ersten Mal in seinem Leben hat Piccioni [Vater] senior Zeit.

Ugo Montagna, der einst als Salonlöwe bekannte Marchese, lebt bescheiden und zurückgezogen [, hauptsächlich in Gesellschaft seines greisen Vaters].

Sie fürchtet sich vor der Öffentlichkeit, insbesondere vor Journalisten [und den Passanten auf den Straßen, die sie anstarren, sooft sie über die Straße geht].

Die Befürchtungen, Roms Altertümer könnten durch die <u>Erd-arbeiten</u> bedroht werden, waren aber so groß — und sind es bis in die Gegenwart geblieben —, daß man davon Abstand nahm.

Unter dem Vorzeichen der faschistisch-[mystisch-]pompösen Bauidee wurde der Bau begonnen.

In diesem Sinn rufen die Römer der Anfängerin — zwischen Stolz und Ironie schwankend — *ihr »Buon viaggio, Metropolitina«, zu — glückliche Reise — U-Bahn von Rom.*

11. Februar 1955

In Italien trägt sich etwas sehr Merkwürdiges, *für deutsche Augen* sogar Unverständliches zu.

18. Februar 1955

Es ist die Schwarz-Weiß-Industrie des Films in der Cinecittà, die sich am Stadtrand von Rom ausbreitet und heute in der *Filmwelt* des Westens nach Hollywood den zweiten Platz einnimmt.

Diese Industrie hat Italien einen neuen Mythos geschenkt: Gina »nazionale«, den Star Nummer Eins der Republik, die neuerdings die »Duse des Films« genannt wird. *Keine himmlische Duse*, sondern eine sehr irdische.

Sie hat sich — zusammen mit 26 [Mailänder] Malern — in eine Mailänder Hotelhalle einsperren lassen, um ihnen vier

Tage lang je zwanzig Stunden Gelegenheit zu geben, sie zu malen.

Die italienischen Künstler empfinden den Mailänder Wettbewerb, der sich der gleichen allgemeinen Anteilnahme wie ein Fußballspiel erfreut, natürlich als »Riesen-Montage« der Filmindustrie. Aber da sie [ja] nicht selbst ins Licht der Jupiterlampen und der Öffentlichkeit kommen, wollen sie die Gelegenheit der Annäherung zwischen Film und Kunst nützen.

24. Februar 1955

Auch im italienischen Senat, im Palazzo Madama, genannt nach Margarete von Österreich, der Tochter Karls V., *begann* heute der Endkampf um die Ratifizierung der Pariser Verträge.

1. März 1955

Trotzdem wird der Wagen [großen] Gefallen finden und für den kleinen Mann in Italien ein bestechender Anreiz sein, obwohl er eben doch immer noch nicht erschwinglich ist und es vorerst für die meisten wohl bei der Vespa bleiben muß, die immerhin noch um zwei Drittel billiger ist und entprechend weniger braucht – von der steuerlichen Belastung ganz abgesehen.

Der Verkehr konzentriert sich ja vor allem in den Städten, *in deren Kern mittelalterlich enge Straßen liegen.*

In der Bundesrepublik hingegen schon auf 40 *Steuerzahler*, in Frankreich auf 15, in England auf 14 und in den USA gar schon auf 3. Verglichen mit anderen Ländern ist Italien also noch schwach motorisiert. Aber Geduld, heißt es heute: Mit dem Fiat Popolare [S 600] wird sich das ändern!

24. März 1955

Für einen Teil meiner Honorare und Gagen werde ich *Arbeiterhäuser* bauen lassen.

14. April 1955

Der Bürger Luigi Einaudi, *heute noch* Präsident der neuen Republik Italiens, wird in wenigen Tagen aus dem königlichen Quirinal ausziehen.

27. April 1955

Verwirrt sind alle, weil die Parteien und Parteigruppen sich 24 Stunden vor diesem feierlichen Akt noch nicht *auf* Kandidaten einigen konnten.

12. Mai 1955

Als der neue Staatspräsident Gronchi seine Wohnung verließ, um vor dem Parlament seinen Eid zu leisten, läuteten die Glocken vom Palazzo Montecitorio [, Sitz des Hauses].

Die alte königliche Garde ist geblieben, nur die Königskrone ist *von* den Uniformen verschwunden.

Darin, daß auch der neue Bürger im Quirinal, der aus dem christlichen Gewerkschaftswesen kommt, in einem gewissen Sinne den königlichen Hermelin beibehält und keineswegs eine republikanische Toga anzieht, [so] liegt für die Italiener [darin] eine große Weisheit.

9. Juni 1955

Die Italiener sind der Meinung, *daß* der Besuch der Sowjets in Belgrad, über dessen Bedeutung und Tragweite man soviel herumgerätselt habe, nach der Einladung an Adenauer eine ganz natürliche Erklärung *finde*.

Anhang

Die in der Literatur[1] schon länger bekannten römischen Korrespondenzen Ingeborg Bachmanns für die in Essen erscheinende »Westdeutsche Allgemeine Zeitung«, die sie zwischen dem 9. November 1954 und dem 23. September 1955 schrieb, werden hier erstmals nachgedruckt. Sie sind mit den für Radio Bremen geschriebenen Berichten von wenigen Ausnahmen abgesehen weder thematisch noch inhaltlich identisch.

1. Siehe Ingeborg Bachmann, Werke, Bd. 4. Essays, Reden, Vermischte Schriften, Anhang , hg. v. Christine Koschel, Inge von Weidenbaum, Clemens Münster. München: Piper 1982, S. 406.

Ingeborg Bachmanns römische Beiträge für die »Westdeutsche Allgemeine Zeitung«

Das politische Klima in Italien ist ungesund geworden
Kommunistischer Druck wächst.
Regierungsmehrheit zu schmal
Rom, 8. November 1954

Die Krise in der italienischen Koalitionsregierung (Sozialdemokraten drohen mit Austritt) konnte zum Wochenbeginn zwar etwas eingedämmt werden. Es wird jedoch auch weiterhin sehr schwierig sein, die Forderungen der Christlich-Sozialen und Sozialdemokraten auf einen Nenner zu bringen. Nutznießer dieser Spannungen sind natürlich die Kommunisten. Unsere Korrespondentin in Rom berichtet, daß die von den Kommunisten kürzlich in der Kammer inszenierten Skandalszenen die italienische Öffentlichkeit stark alarmiert haben.[1]

Die römische Wintersaison hat begonnen, die Theater beleben sich, in den Galerien wird über neue Bilder diskutiert, die Restaurants sind voll. In den Cafés der luxuriösen Via Veneto – von den Römern jetzt »amerikanisches Viertel« genannt – sitzen die Ausländer, vor allem Amerikaner, auch abends noch im Freien. Es ist noch immer warm in Rom, und Geschäftsreisende aus Connecticut und Filmleute aus Hollywood freuen sich bei Whisky und heißen Würstchen des Lebens. Die Italiener nehmen daran kaum teil. Sie haben Sorgen. Ein vielgereister italienischer Geschäftsmann erklärte kürzlich einem amerikanischen Beamten: »Das politische Klima in Italien ist ungesund geworden. Der Druck der Kommunisten wächst. Die Mehrheit der Mitte im Parlament ist zu schmal (günsti-

---

1. Vorspann von der Redaktion der WAZ

genfalls 14 Stimmen). Einigen unserer Firmen sind von den USA bereits wertvolle Industrieaufträge entzogen worden, weil diese Betriebe eine kommunistische Mehrheit haben. Das ist schlimm. Wer erhält die Aufträge jetzt? Die Deutschen vielleicht! In der Bundesrepublik spielen die Kommunisten keine Rolle.«

»Ehe es zu spät ist«

Es muß bald etwas geschehen. Forderungen dieser Art hörte man nach den letzten Boxkämpfen im Parlament, als die Kommunisten dem christlich-demokratischen Abgeordneten Giuseppe Togni vorwarfen, er sei ein Faschist, und das nur deswegen, weil er behauptet hatte, daß die Kommunisten einen Umsturz im demokratischen Staat erstrebten. Die Kommunisten gingen zum tätlichen Angriff über. Es gab ein Dutzend Verletzte. Seither heißt die Parole Nr. 1 der italienischen Regierungspolitik und der vier Koalitionsparteien: »Der Kommunismus muß aufs schärfste bekämpft werden. Die Demokratie muß selber zum Angriff übergehen. Wartet sie die Stunde X ab, ist es zu spät.«

Die Meinungen sind allerdings sehr verschieden, sobald es sich darum handelt, über die Methoden dieser »Offensive der Mitte« gegen die KP einig zu werden. Die Sozialdemokraten Saragats, die Linksliberalen, aber auch die christlichen Gewerkschaften meinen, es genügten gegenwärtige Gesetze und auch Grundvorschriften der Verfassung, um die Kommunisten nicht nur in Schach halten zu können, sondern um sie auch wirksam bekämpfen zu können. Einzelne Persönlichkeiten auf dem rechten Flügel der Christlichen Demokraten aber, fast alle Monarchisten und die Neofaschisten in ihrer Gesamtheit treten für »Sondergesetze« ein. Sie sagen: »Ohne Sondergesetze kann man keine Partei bekämpfen, die längst eine ›Bewegung‹ geworden ist mit ihrer ›totalen Weltanschauung‹, die den ganzen Menschen erfaßt.« Die demokratischen Gegner von »Sondergesetzen« fürchten jedoch, Italien könne dadurch unmerklich in einen neuen, wenn auch verschleierten Faschismus abgleiten, da sie den Toleranzgrundsatz der Demokratie verletzten.

Säuberung gefordert

Zum leidenschaftlichsten Verfechter neuer antikommunistischer »Sondergesetze« machte sich der bereits genannte Abgeordnete Giuseppe Togni. Der Staat solle wieder »Nerv und Schneid« erhalten, meint er. Man müsse das Beamtentum und das Offizierskorps von Kommunisten reinigen, verdächtige Ausländer nach Hause schicken, Spionage und Sabotage bekämpfen, Deputierte, die Faustschläge Worten vorziehen, ihres Mandats für verlustig erklären, Kommunistenführer in der Industrie entlassen und gegen einzelne kommunistische Politiker, von denen feststehe, daß sie eine kriminelle Vergangenheit haben, juristische Verfahren eröffnen. Soweit Togni.
Natürlich ist sofort das Stichwort in die Diskussion geworfen worden: »Wir haben einen MacCarthy!« Togni ist, wie so viele italienische Deputierte, Rechtsanwalt. Er kommt aus der berühmten italienischen Stadt mit dem schiefen Turm, aus Pisa. Geboren wurde er 1903, früh schon war er Professor für Arbeitsrecht an der Universität Rom. Währen des Krieges arbeitete er – unter den Augen der Deutschen – am Aufbau einer neuen christlich-demokratischen Partei in Italien und nahm an den Partisanen-Aufständen teil. 1947 wurde er Industrieminister. Heute ist er nur noch Abgeordneter, nimmt aber allerlei wichtige Stellungen ein. So ist er zum Beispiel Präsident des Verbandes der Industrieführer und Leiter des Instituts für Außenhandel. Man kann nicht behaupten, daß er wie ein neuer Mussolini aussieht. Er hat zwar eine gedrungene, dickliche Gestalt, sieht aber sonst eher aus wie der Dutzend-

typ der italienischen Advokaten: halbe Glatze, Bauchansatz, Schnurrbärtchen.

... aber geringe Chancen eines MacCarthy

Welche Aussichten hätte Togni als italienischer MacCarthy? Käme er vom mittleren Flügel der christlich-demokratischen Partei, den jetzt Fanfani, der Parteisekretär, repräsentiert, würden seine Aktien steigen. Aber so mögen ihn weder Fanfani noch Pastore, der Leiter der christlich-demokratischen Gewerkschaften, und es rümpfen über ihn die Nase: Saragat, der Sozialdemokrat, und Malagodi, der Liberale. Es ist allerdings nicht zu übersehen, daß Togni von einem starken Strom der öffentlichen Meinung getragen wird.

Man hört viele Italiener sagen: »Wir gehören einem westlichen Allianzsystem an, sind aber ein Land, in dem mehr als ein Drittel der Bevölkerung kommunistisch oder linksextremistisch ist. Es gibt Großbanken in unserem Land, die zur Sicherung für die Zukunft der italienischen KP Geld geben. Wie läßt sich all das vereinbaren?«

Skandale in Rom: Italiener rufen nach eisernem Besen
Fall Sotgiu wirft ernste Probleme um das Schicksal der Demokratie auf
Rom, 24. November 1954

Die Römer können wieder ein leidenschaftliches Tagesgespräch führen. Noch ist das Geheimnis um den Tod Wilma Montesis ungelöst – da wird über Nacht der Präsident der römischen Provinzialverwaltung mit seiner Frau flüchtig, der Professor für Jurisprudenz und Advokat Giuseppe Sotgiu, ein prominentes Mitglied der Kommunistischen Partei. Es ist derselbe Doktor Sotgiu, der als Verteidiger des Journalisten Muto – der als erster die politischen Hintergründe im Falle Montesi enthüllte – zum Ankläger gegen einflußreiche bürgerliche Kreise, gegen die Polizei und gegen maßgebende Persönlichkeiten der Christlich-Demokratischen Partei geworden war.

»Moralist Nr. 1«

Er trat damals als »Moralist Nr. 1« der italienischen Nation auf. Seit ebendieser Zeit interessierte sich die römische Polizei für das Privatleben dieses Mannes, und es stellte sich bald heraus, daß der angesehene Rechtsanwalt ein moralisch höchst fragwürdiges Doppelleben führte. So kam es zu neuen skandalösen Enthüllungen – diesmal gegen ihn.

Galten Montagna und Piccioni, der Sohn des Ministers, obwohl ihnen bisher noch keine konkrete Schuld am Tod der Montesi nachgewiesen werden konnte, den Kommunisten geradezu als Inkarnation der »bürgerlichen Korruption«, so wird nun in der antikommunistischen Front Italiens, die von den Sozialdemokraten bis zu den Neofaschisten reicht, der Sarde Sotgiu zum Musterbeispiel für den kommunistischen Amoralismus, für Perversion, Grausamkeit und hemmungslose Genußgier. Moral und Politik werden eng miteinander verquickt.

Die Mehrheit des italienischen Volkes aber, das ein arbeitsames und durchaus normales Familienleben führt, beginnt sich zu fragen, ob diese Kette von Skandalen, die in allen Schichten ausbrechen, nicht auf einen Zerfall des staatlichen Bewußtseins zurückzuführen ist, auf eine Schwächung sittlicher Werte und politischer Überzeugungen.

Die Umwelt, in welcher Sotgiu nach den amtlichen Berichten und Polizeidarstellungen sein »Doppelleben« führte, (er verkehrte mit seiner Frau in Bordellen) ist allerdings gerade in

101

einer Stadt wie Rom, dem Ziel von frommen Pilgern aus aller Welt, erschreckend genug.

Die Kommunistische Partei hat Sotgiu, nachdem er zunächst von einem Versteck aus, wo er sich mit seiner Frau verborgen hält, seine Präsidentschaft freiwillig niederlegte, aus der Partei ausgestoßen mit der Begründung, er müsse volle Freiheit für seine Verteidigung erhalten. Sie wolle aber auch keinerlei Zweideutigkeiten entstehen lassen und in ihren eigenen Reihen niemand decken, der sich Verfehlungen zuschulden kommen lasse.

Für die breite italienische Öffentlichkeit stellt sich der Fall anders dar. Immer mehr spricht sich das Wort herum, die »Parteiherrschaft« sei an allem schuld. Italien verwandle sich in einen Sumpf, und es müsse ein »starker Mann« mit einem »eisernen Besen« kommen.

Rom: Säuberungsaktion gegen Kommunisten eingeleitet

Handelslizenzen entzogen − »Offizierskorps nicht verseucht«
Rom, 6. Dezember 1954

Die vom Ministerrat am Wochenende beschlossenen Maßnahmen zur Bekämpfung kommunistischer Einflüsse wurden bereits am Montag eingeleitet. Handelsminister Martinelli ließ kommunistische Firmen von der Liste der Unternehmen streichen, die Einfuhr- und Ausfuhrlizenzen für den Handel mit Ländern hinter dem Eisernen Vorhang erhalten. In den öffentlichen Verwaltungen ist eine Säuberung im Gange; die Entscheidung bleibt jedoch den Behördenleitern überlassen.[2]

---

2. Vorspann vermutlich von der Redaktion

Ministerpräsident Scelba beschränkt sich auf administrative Maßnahmen, da die Billigung der ursprünglich geplanten Sondergesetze durch das Parlament wegen der kommunistischen und linkssozialistischen Opposition zu lange Zeit beanspruchen würde. Die zum Teil im Ausland verbreiteten Gerüchte, nach denen die italienische Armee sich in der europäischen Allianz und der italienischen demokratischen Republik als »Trojanisches Pferd« erweisen würde, werden von unterrichteter Seite zurückgewiesen. Es gebe heute in der italienischen Armee (Heer, Marine und Luftwaffe) keinen Offizier oder Unteroffizier mehr, der eingeschriebenes Mitglied der kommunistischen Partei sei.

Eine Reihe von Offizieren, die während der Kampfhandlungen bei Kriegsende mit kommunistischen Partisanen gemeinsame Sache machten und später politische Kontakte mit ihnen aufrechterhielten, hätten inzwischen die Altersgrenze erreicht oder schieden aus der Armee aus.

Natürlich kommen viele Rekruten aus kommunistischen Kreisen. Eine Schätzung geht dahin, daß etwa 17 v. H. von ihnen Mitglieder der KP sind. Ihre Einstellung ist zumeist jedoch schon bei der Musterung bekannt. Sie werden auf verschiedene Einheiten und in die entlegensten Orte verteilt. Auf diese Weise hält man eine Zellenbildung praktisch für unmöglich.

Rom: Regierung Scelba kann mit guter Stimmenmehrheit rechnen

Schicksalsvolle Debatte über Pariser Verträge vor leerem Haus

Rom, 16. Dezember 1954

Obwohl die Debatte über die Ratifizierung der Pariser Verträge als die schicksalsvollste der italienischen Regierung gilt, und die Zukunft von Millionen junger Menschen von ihrem Ausgang abhängt, sind die Diplomatenlogen leer. Man sieht nur Parlamentsjournalisten. In manchen Sitzungen waren zum Ärger des Ministerpräsidenten Scelba nur acht Abgeordnete zugegen. Die Ursache des Desinteressements ist, daß die Regierung mit Sicherheit auf eine gute Stimmenmehrheit für die Ratifizierung rechnen kann.

So haben selbst die Kommunisten darauf verzichtet, angesichts des feststehenden Ausgangs ihre übliche Obstruktionspolitik zu erproben. Für die Ratifizierung stimmen werden nämlich nicht nur die Parteien der Regierungskoalition, sondern auch die Monarchisten und Neo-Faschisten. Ihre Zustimmung – vielleicht mit einem tränenden Auge – werden auch die Saragat-Sozialisten, die Republikaner, Liberalen und der linke Flügel der Christlichen Demokraten geben.

Sie alle hätten die EVG allerdings vorgezogen, denn sie glauben, der Verzicht auf die EVG-Konzeption gereiche vor allem Italien zum Schaden, insbesondere in wirtschaftlicher Hinsicht. Besonders über das zweiseitige wirtschaftliche Abkommen zwischen Deutschland und Frankreich ist man besorgt. Bevor die Ratifizierungsurkunden in Brüssel hinterlegt werden, möchte man deshalb in Rom über dieses Abkommen Klarheit gewinnen. Am 1. Januar wird Ministerpräsident Mendès-France nach Rom kommen. Italien will auf alle Fälle den hochindustrialisierten Staaten gegenüber nicht ins Hintertreffen geraten.

Mendès-France wünscht Zustimmung Italiens zu Vierergespräch

... und zum Rüstungspool — Grundsätzliche Übereinstimmung erwartet

Rom, 11. Januar 1955

Dem dynamischen Ministerpräsidenten Frankreichs, Mendès-France, der Dienstag 48 Jahre alt wurde, bringt man in Rom Sympathien entgegen. Besuche von Staatsoberhäuptern sind in der Ewigen Stadt keine Seltenheit. Die Anwesenheit des französischen Ministerpräsidenten gibt dagegen zu besonderer Genugtuung Anlaß. Er ist der erste französische Regierungschef, der nach dem Kriege in der Hauptstadt der italienischen Republik in offizieller Form zum Ausdruck bringt, daß eine böse Vergangenheit zwischen den »lateinischen Schwestern« liquidiert werden soll.[3]

Die Beziehungen zwischen Frankreich und Italien waren nicht immer glücklich. Vor 70 Jahren ärgerte man sich in Rom, weil die Franzosen Tunis besetzten, das man im Kampf ums Mittelmeer für ein italienisches Reservoir hielt. Etwas später trat Italien dem gegen Frankreich gerichteten Dreierbund bei. 1915 war es wieder an der Seite Frankreichs, aber 25 Jahre später überschritt die Armee Mussolinis die französische Grenze, als Frankreich im Kampf gegen Hitler bereits erschöpft war. Frankreich konnte das nicht vergessen. Das französische Tunis ist für die Italiener heute noch ein Ärgernis. Nach dem letzten Kriege schien es, als könnten die »lateinischen Schwestern« sich nicht recht versöhnen. Man plante eine Zollunion. Sie kam nicht zustande.

---

3. Vorspann vermutlich von der Redaktion

Günstiges Klima

Mendès-France findet heute ein günstiges Klima in Rom vor. Wenn die Italiener sich isoliert fühlen, suchen sie gern abwechselnd in Frankreich oder in Deutschland engere Beziehungen. Eine Übermacht des einen lateinischen Nachbarvolkes jenseits der Alpen ist ihnen dabei ebenso unerwünscht wie eine zu große Stärke des germanischen. Besonders unangenehm empfinden sie eine enge deutsch-französische Zusammenarbeit, die den italienischen Interessen nicht genügend Rechnung trägt. Italien müßte fürchten, zwischen den beiden Industrie-Riesen am Rhein und an der Seine zu einer Ordnung vierter Klasse zu werden. Mendès-France wird also in Rom die Italiener beruhigen.

Wirtschaftliche Konzessionen

In Paris erstrebt man das Dreieck Paris–Bonn–Rom. Keine zweiseitigen Abkommen. Wenn in Nordafrika neue Rüstungsindustrien geschaffen werden, dann sollen die Deutschen wie die Italiener berücksichtigt werden. Zu anderen wirtschaftlichen Konzessionen an Italien hat sich Frankreich schon bereit erklärt. Es erhöht die Liberalisierung für die Einfuhr italienischer Waren aus dem gesamten OEEC-Raum, also auch aus Italien, von 65 auf 73 bis 75 v. H. Grundsätzlich sind die Franzosen ferner bereit, eine gewisse Anzahl von italienischen Land- und Bauarbeitern aufzunehmen. Die berühmte Rivieraküstenstraße zwischen Nizza und Ventimiglia soll verbreitert werden.

Rein politische Probleme dürften in Rom in einseitiger Form nicht gelöst werden. Die Franzosen wie die Italiener wollen auf die übrigen Partner Rücksicht nehmen. Immerhin rechnet Mendès-France mit einer italienischen Zustimmung für das Rüstungspool. Er legt Wert auf eine eigene Behörde und würde unter Umständen einen italienischen Kandidaten als Präsidenten des Rüstungsamtes unterstützen. Noch etwas anderes will Mendès-France in Rom erreichen: Italiens Zustimmung für ein Gespräch mit der Sowjetunion nach der Ratifizierung der Pariser Abkommen, vielleicht aber noch vor ihrer Verwirklichung. Grundsätzlich ist Italien mit einer solchen Entspannungspolitik einverstanden. Außenminister Martino forderte schon vor der römischen Ratifizierung eine allgemeine Rüstungskontrolle.

Verbeugungen statt Kniefälle

Eine eindeutige Linie zwischen Rom und Paris würde natürlich für seine Verhandlungen mit Adenauer in Baden-Baden nützlich sein. Die italienischen Regierungsparteien warnen jedoch vor zweiseitigen Abmachungen. Man müßte alles tun, um die Einheit der kaum geborenen Westeuropäischen Union zu erhalten. Lediglich die Rechte spricht von der Notwendigkeit einer italienisch-französischen Allianz, um deutsche »Hegemoniebestrebungen« auszugleichen. Vielleicht sind manche italienischen Erwartungen zu hoch gespannt. Sicher aber ist, daß sich jetzt schon eine starke grundsätzliche Übereinstimmung zwischen Rom und Paris zu ergeben scheint.

Die französischen Katholiken mißtrauen Mendès-France etwas, und die italienischen Katholiken können sich auch kein rechtes Bild über das Verhältnis des französischen Homo novus zur Kirche machen. Nun, Mendès-France ist kein Katholik. Die drei üblichen Kniefälle vom Audienzzimmer bis zum Schreibtisch des Papstes sind ihm erlassen. Er wird sich dafür dreimal verbeugen. Mit dieser Audienz wird auch das Verhältnis des französischen Staates zur Kirche wieder ins rechte Lot gebracht; denn auch da gab es Probleme und Spannungen.

Rom: Linksneigung

Rom, 2. Mai 1955

Die Meinungen über die politische Zukunft Italiens sind nach der Wahl des christlich-demokratischen Kammerpräsidenten Gronchi zum Staatspräsidenten widersprechend. Gronchi hat zwar zwei Drittel aller Stimmen der Wahlversammlung erhalten, daraus kann man jedoch nicht folgern, daß er einen »Präsidenten der extremen Linken« abgibt.

Wenn die extreme Linke für ihn Sympathien zeigt, so deswegen, weil er als gläubiger Katholik zu den »fortschrittlichen« Kreisen des italienischen Bürgertums gehört. Gronchi steht zwischen den Extremen von Revolution und Reaktion. Er glaubt an einen Ausgleich durch soziale Reformen.

Die Wahl erwies, daß die Viererkoalition von Christlichen Demokraten, Liberalen, Saragat-Sozialisten und Republikanern brüchig geworden war. Wie könnte auf Grund dieser Zerrissenheit der bürgerlichen Mitte und ihrer knappen parlamentarischen Mehrheit eine neue Regierung gebildet werden? Das ist das brennendste Problem. Ob Scelba Ministerpräsident bleibt oder ob ein anderer christlicher Demokrat sein Nachfolger wird, ist dabei eine Frage von geringerer Bedeutung.

In letzter Zeit wurde in Italien viel von einer Zusammenarbeit der katholischen Mitte mit den Sozialisten Nennis gesprochen. Gronchi könnte allerdings als eine Persönlichkeit erscheinen, die eine solche Entwicklung fördern würde. *R. K., Rom*

Vatikan und Peron

Rom, 22. Juni 1955

Zum ersten Male in ihrer Geschichte steht die katholische Kirche mit einer transozeanischen Macht in Konflikt — mit Argentinien, das seiner spanischen Herkunft nach stets katholisch gewesen war. Selbst Peron hatte sich wiederholt als guter Katholik bezeichnet und Rom als religiöse Autorität anerkannt. Sein Ideal sei, so hatte er oft gesagt, die Verbindung von »Schwert und Kreuz«, das alte Emblem also der spanischen Conquistadores. Als vor etwa einem halben Jahr die ersten Zeichen eines Konflikts zwischen Staat und Kirche in Argentinien sichtbar wurden, stand man im Vatikan vor einem Rätsel.

Die kollektive Exkommunizierung der argentinischen Regierung ist eine ungewöhnliche Maßnahme. Sie erhellt, wie die Kirche die Lage in Argentinien beurteilt. Sie dürfte in Lateinamerika die Wirkung haben, Peron noch stärker zu isolieren. Behauptungen, der Putschversuch in Buenos Aires hänge unmittelbar mit dem Exkommunizierungserlaß zusammen, werden im Vatikan entschieden zurückgewiesen. Der katholische Klerus in Argentinien habe, so wird betont, sich nie — im aufständischen Sinne — mit den Gegnern Perons identifiziert. Vatikanische Kreise deuten das Vorgehen Perons als ein Ablenkungsmanöver. Dadurch, daß er den Papst in die Aktion einbezog, dürfte er allerdings erst recht die verborgenen sozialen Konflikte in Argentinien in das Licht der Öffentlichkeit gezerrt haben. *R. K., Rom*

Rom: blickt nach Bonn

Rom, 23. September 1955

In Rom wird es sehr begrüßt, daß Dr. Adenauer Ministerpräsident Segni und Außenminister Martino zu einem Meinungsaustausch nach Bonn eingeladen hat. Zweifellos haben die Italiener selbst den Wunsch geäußert, sich auf höchster Ebene mit maßgebenden deutschen Staatsmännern zu treffen. Woher kommt dieses starke und plötzliche Interesse, mit der Bundesrepublik wieder engere Kontakte herzustellen?

Die Aufnahme der diplomatischen Beziehungen zwischen Bonn und Moskau hat in Rom überrascht. Die Regierungsparteien gerieten dadurch in eine schwierige Lage. Sie konnten nur wenig entgegnen, als die Opposition von links wie von rechts die Außenpolitik Italiens als träge und phantasielos bezeichnete und darauf hinwies, ausgerechnet der so radikale »Antikommunist« Adenauer habe sich als ein »vorbildlicher Realpolitiker« erwiesen.

Rom fragt sich heute: was wird in Zukunft geschehen? Zeigt es sich nicht jetzt schon, daß die Bundesrepublik bei aller Vertragstreue gegenüber dem Westen zwischen den großen Weltblöcken von Ost und West eine immer selbständigere Stellung erstrebt? Es wird erwogen, ob Italien nicht entsprechend handeln solle. Auf die Regierung wird ein Druck ausgeübt. Die Außenpolitik soll aktiver werden. Italien soll sich vor einer möglichen Isolierung hüten und ein engeres deutsch-italienisches Verhältnis herzustellen versuchen. *Er., Rom*

Personenregister

Adenauer, Konrad (1876–1967)   *77, 94, 107, 110*
   Erster Bundeskanzler der Bundesrepublik Deutschland (1949–
   1963); Mitbegründer der CDU; drängte auf die Gründung der EVG
   und auf den Deutschlandvertrag (1952); schloß nach dem Scheitern
   der EVG (1954) die Pariser Verträge (1954/55) über den Eintritt
   der Bundesrepublik in die NATO.
Berija, Lawrentij P. (1899–1953)   *63*
   Sowjetischer Geheimdienstchef (1938–1953); seit 1917 Mitglied
   der KPdSU; 1934 Mitglied des ZK; Volkskommissar des Innern,
   Chef der NKWD (1938); bildete nach Stalins Tod mit Chruschtschow und Malenkow eine Troika; 1. stellvertretender Ministerpräsident und Innenminister; wurde am 23.12.1953 abgesetzt, in
   einem Geheimprozeß zum Tode verurteilt und hingerichtet; mit
   seinem Tod Beginn der Entstalinisierung.
Boothe Luce, Clare (1903–1987)   *75, 76*
   Amerikanische Journalistin, Theaterschriftstellerin und Politi-
   kerin. 1933 Chefredakteurin von »Vanity Flair«; 1930, nach ihrer
   Heirat mit dem Verleger Henry R. Luce (»Times«, »Life« und
   »Fortune«), Starreporterin des Magazins »Life«. Seit 1943
   Kongreßabgeordnete der Republikanischen Partei und als erste
   Frau Mitglied im Streitkräfteausschuß des Repräsentantenhauses.
   Unter Präsident Eisenhower vom März 1953 bis Ende 1956 US-Bot-
   schafterin in Rom. Wegen angeblicher Einmischung in die italienische Innenpolitik Zielscheibe zahlreicher Attacken von Kommunisten und Sozialisten.
Borgia   *29*
   Aus Spanien stammendes Adelsgeschlecht. Mit Alonso Borgia, der
   als Kardinal seit 1444 an der römischen Kurie lebte, begann die
   politisch bedeutende Rolle der Familie in Italien. Als Päpste mehr-
   ten Alonso und Rodrigo Borgia (Papst Alexander VI., 1492–1503)
   durch Günstlingswirtschaft den Einfluß und den Reichtum der Familie. 1748 starb das Geschlecht aus.

de Caro, Raffaele (1883−1961) *57, 70*

Liberaler Politiker und Präsident des *Partito Liberale Italiano* (PLI). Im Kabinett Scelba vom 10.2.1954−22.6.55 war er Minister ohne Portefeuille. Dasselbe Amt war ihm in der Regierung Segni vom 6.7.1955−6.5.57 anvertraut.

Coppi, Fausto (1919−1960) *11, 88*

Italienischer Radrennfahrer. Zweimaliger Sieger der Tour de France (1949, 1952), fünfmal Sieger im Giro d'Italia (1940, 1947, 1949, 1952, 1953).

Covelli, Alfredo (geb. 1914) *52*

Italienischer Politiker, Generalsekretär des *Partito Nazionale Monarchico* (PNM). Im Juni 1954 kam es zwischen Covelli und Achille Lauro, dem Bürgermeister von Neapel, zu einem schweren Konflikt, der sich an der Stellungnahme der Monarchisten zur EVG entzündete und mit der Spaltung der Partei endete. Covelli trug maßgeblich zum Sturz de Gasperis und Fanfanis bei. 1972 schlossen sich die Monarchisten mit den italienischen Neofaschisten des *Movimento Sociale Italiano* (M.S.I.) zur »Nationalen Rechten« (M.S.I. Destra Nazionale) zusammen. Covelli ist heute einer der Führer dieser Gruppe.

Curtius, Ludwig (1874−1954) *55*

Archäologieprofessor und seit 1925 Vorstand des deutschen archäologischen Instituts in Rom. Sein römisches Haus bot Exilanten und jüdischen Flüchtlingen in der Nazi-Zeit Zuflucht, weswegen Curtius Anfang 1939 aus seinem Amt entlassen wurde.

de Nicola, Enrico (1877−1959) *67*

Erster provisorischer Präsident Italiens (1946−48) nach dem Zweiten Weltkrieg.

Eden, Anthony (1897−1977) *42*

Britischer Premierminister 1955−1957, konservatives *Member of Parliament* seit 1923; unter Churchill Außenminister (1940−1945, 1951−1955), Befürworter des europäischen Zusammenschlusses, nach Churchills Rücktritt (1955) Premierminister; trat 1957 von seinem Amt zurück.

Einaudi, Luigi (1874 −1961) *51, 53, 66, 67, 68, 69, 70, 93*

Professor für Finanzwirtschaft und Nationalökonomie und Politiker des *Partito Liberale Italiano* (PLI); Finanzminister und stellvertretender Ministerpräsident unter de Gasperi; Präsident der *Banca d'Italia* (1945–48); Präsident der Republik (1948–1955).

Fanfani, Amintore (geb. 1908)   *19, 43, 65, 69, 89, 100*
Professor für Gesellschaftsrecht und Wirtschaftswissenschaften, Politiker und Parteisekretär (1973–75) der *Democrazia Cristiana* (DC); Ministerpräsident mehrerer DC-Alleinregierungen und mehrerer Koalitionsregierungen: Befürworter einer »Öffnung nach links« *(Apertura a sinistra)*, doch Gegner einer Koalition mit den Kommunisten.

Foster-Dulles, John (1888–1959)   *76, 77*
US-Außenminister unter Dwight D. Eisenhower von 1953–1959, betrieb eine Politik der Stärke und des »Rollback« am Rande der Kriegsdrohung, sabotierte die Genfer Indochina-Konferenz (1954), Initiator verschiedener Militärbündnisse gegen die UdSSR: SEATO (1955) und CENTO; maßgeblicher Befürworter einer Einbeziehung der Bundesrepublik in die NATO.

de Gasperi, Alcide (1881–1954)   *63, 66*
Aus Südtirol stammender christdemokratischer Politiker und Mitbegründer der *Democrazia Cristiana* (1942/43); Ministerpräsident mehrer Koalitionsregierungen zwischen 1946 und 1953; Außenminister unter Ivano Bonomi (1944/45); erreichte die Souveränität für Italien und führte sein Land in die NATO (1949); Befürworter der EVG; neben Adenauer und Schuman stärkster Exponent der Einigung Europas; Rücktritt nach der Wahlniederlage von 1953.

Gerriero, Augusto   13
Konservativer Politiker der DC.

Gronchi, Giovanni (1887–1978)   *11, 70, 71, 72, 73, 74, 93, 108*
Mit de Gasperi Gründer der katholischen Volkspartei *(Partito Popolare)*, Vorläuferin der *Democrazia Cristiana*. Mit überwältigender Mehrheit am 29.4.1955 zum zweiten Präsidenten der Republik gewählt (bis 1962).

Lollobrigida, Gina (geb. 1927)   *54, 55, 91*
Ausgebildete Opernsängerin und Filmschauspielerin; ihr internationaler Ruhm (»Gina nazionale«) begann 1952 mit dem Film *Fanfan, der Husar* und *Die Schönen der Nacht* von René Clair. In dem erwähnten Malwettbewerb von Mailand kaufte sie schließlich 6 oder 7 Bilder (die genaue Zahl ist nicht bekannt.)

Malenkow, Georgij M. (1902–1988)   *63*
Sowjetischer Ministerpräsident 1953–1955; seit 1920 Mitglied der KPdSU; Sekretär der ZK 1939–1953; nach Stalins Tod bildete er mit Chruschtschow und Berija eine Troika; 1955 von Chruschtschow gestürzt.

de Martino, Gaetano (1900–1967)   *16, 17, 23, 57, 68, 70, 75, 76, 107, 110*
Medizinprofessor und liberaler Politiker des *Partito Liberale Italiano* (PLI), deren Präsident er zuletzt war. 1946 zum Mitglied der Verfassunggebenden Nationalversammlung gewählt. Im Kabinett Scelba vom 10.2.1954 bis 22.6.1955 übernahm er zunächst das Unterrichtsministerium und im September 1954 von Attilio Piccioni das Außenministerium; wirkte führend am Zustandekommen der Pariser Verträge und der Westeuropäischen Union mit, die nach dem Scheitern der EVG ins Leben gerufen wurde.

Menderes, Adnan (1899–1961)   *41, 42, 43*
Türkischer Politiker. 1945 Mitbegründer der »Demokratischen Partei«, deren Parteivorsitz er 1950 zugleich mit dem Amt des Ministerpräsidenten übernahm. Maßgeblicher Befürworter eines politischen Anschlusses der Türkei an den Westen und treibende Kraft beim Beitritt seines Landes zur NATO. Später in einem Schauprozeß zum Tode verurteilt und 1961 hingerichtet.

McCarthy, Joseph Raymond (1909–1957)   *27, 30, 34, 99, 100*
Mitglied der Republikanischen Partei im US-Senat seit 1947; der von ihm geleitete Senatsausschuß zur »Untersuchung unamerikanischer Umtriebe« war wegen seiner rigorosen Verhörmethoden lange Zeit das gefürchtetste Gremium der Vereinigten Staaten. Nach dem Wahlsieg der Demokraten von 1954 distanzierte sich der US-Senat mit überwältigender Mehrheit vom »McCarthyismus«.

Mendès-France, Pierre (1907–1982)   *33, 36, 37, 38, 41, 104, 105, 106, 107*
Französischer Ministerpräsident 1954/1955; für die Radikalsozialisten Mitglied der Nationalversammlung (1945–1958); durch seine Intervention in der Französischen Nationalversammlung scheiterte die EVG.

Merzagora, Cesare (1898–1991)   *68, 69, 70, 71*
Italienischer Industrieller und Politiker; im 4. und 5. Kabinett de Gasperis leitete er von 1947 bis 1949 das Ministerium für Außenhandel; seit 1948 Mitglied, zwischen 1953–67 Präsident des italie-

nischen Senats. 1955 vorübergehend Kandidat der DC für das Amt des Staatspräsidenten.

Piccioni, Attilio   *13, 15, 16, 17, 18, 19, 21, 22, 28, 29, 45, 46, 60, 61, 90*
Politiker der DC und Außenminister im Kabinett Pella (17.8.1953
bis 5.1.1954). Rücktritt im Zusammenhang mit dem Montesi-Skandal.

Perón, Juan Domingo (1895−1974)   *109*
Argentinischer General und Politiker; 1946 Wahl zum Präsidenten;
1955 Rücktritt und Flucht ins Ausland. 1973 bis zu seinem Tod 1974
erneut argentinischer Präsident.

Polito, Piero   *15, 16, 19, 20, 21, 60*
Polizeipräsident von Rom, verwickelt in den Montesi-Skandal.

Rossi, Paolo   *70*
Vorsitzender der Sozialdemokratischen Parlamentsfraktion.

Sagan, Françoise (geb. 1935)   *61*
Französische Schriftstellerin; sensationelles Debüt mit dem in drei
Wochen niedergeschriebenen Roman *Bonjour Tristesse* (1953).

Saragat, Giuseppe (1898−1988)   *27, 34, 36, 43, 62, 100, 107*
Sozialdemokratischer Politiker, Gründer des *Partito Socialista
Democratico Italiano* (PSDI), Präsident der Republik 1964−1971;
unter dem Mussolini-Faschismus im Exil; im ersten Kabinett
von Bonomi nach dem Mussolini-Sturz Minister ohne Portefeuille
(1944), anschließend italienischer Botschafter in Paris, 1946 Präsident der Nationalversammlung; vom Februar 1954 bis Mai 1957
Vizepremierminister in den Regierungen von Scelba und Segni.

Scelba, Mario (1901−1991)   *10, 12, 16, 17, 19, 20, 21, 22, 24, 26, 30, 33, 34, 35,
41, 42, 43, 52, 56, 57, 63, 64, 70, 72, 73, 75, 89, 90, 103, 104, 108*
Jurist und Politiker der *Democrazia Cristiana*, 1945−53 Post- und
Innenminister unter de Gasperi; Ministerpräsident der Koalitionsregierung von DC, PSDI und PLI (10.2.1954 bis 22.6.1955); unter
seinem Kabinett wurde die Triestfrage gelöst und trat Italien der
»Westeuropäischen Union« bei; Präsident des Europaparlaments
(1969−71).

Secchia, Pietro (1903−1973)   *39, 40*
Italienischer Politiker; unter dem Mussolini-Faschismus im französischen Exil; seit 1928 Mitglied im ZK des *Partito Comunista Italiano* (PCI); 1955 Ausschluß aus dem ZK der PCI.

Segni, Antonio (1891−1972)   *70, 110*
Professor für Handelsrecht und Politiker der *Democrazia Cristiana*

(DC). Mitglied in den Kabinetten von Bonomi, Parri und de Gasperi. Nach dem Sturz der Regierung Scelba am 22.6.1955 bis zum Mai 1957 Ministerpräsident. Abermalige Übernahme dieses Amtes nach dem Rücktritt der Fanfani-Regierung am 2.7.1959 bis zum 24.2.1960. Danach Außenminister in den Kabinetten von Tambroni und Fanfani. 1962 als Nachfolger von Gronchi zum vierten Präsidenten der Republik gewählt. Ein Schlaganfall zwang ihn 1964, sein Amt niederzulegen.

Semiramis *61*
Legendäre Königin von Assyrien, der die Errichtung der Hängenden Gärten in Babylon, eines der Sieben Weltwunder, zugeschrieben wird.

Sepe, Raffaelo *14, 15, 16, 19, 45*
Untersuchungsrichter im Fall Montesi.

Sforza, Graf Carlo (1872–1952) *66*
Italienischer Politiker, Außenminister (1920) und Botschafter in Paris (1921/22); unter Mussolini im Exil; Außenminister im 3. (1947) und 7. (1951) Kabinett de Gasperis.

Sotgiu, Giuseppe (geb. 1902) *28, 38, 39, 45, 101, 102*
Rechtsanwalt, Juraprofessor und Mitglied der Kommunistischen Partei. Strafverteidiger des Journalisten Silvano Muto, der aufgrund seiner Recherchen im Zusammenhang mit der Montesi-Affäre wegen Verleumdung angeklagt wurde.

Taviani, Paolo Emilio (geb. 1912) *21*
Professor der Wirtschaftsgeschichte und Mitbegründer der *Democrazia Cristiana* (DC), Verteidigungsminister 1953–58, Finanzminister 1959/60.

Tito, Josip (1892–1980) *12, 13, 42, 77*
Ministerpräsident 1945–1963, Staatspräsident von Jugoslawien 1963–1980, Generalsekretär der seit 1922 verbotenen KPJ (1937); Bruch mit der UdSSR (1948); behutsame Annäherung an den Westen; Kritiker der Intervention in der CSSR (1968).

Togliatti, Palmiro (1893–1964) *19, 33, 39, 40, 62, 64, 71*
Mitbegründer und Parteiführer des *Partito Comunista Italiano* (PCI); nach der Rückkehr aus dem Exil (1944) stellvertretender Ministerpräsident und mehrfach Minister ohne Geschäftsbereich; von 1944 bis zu seinem Tod Generalsekretär seiner Partei, die er auf

die Linie eines »Polyzentrismus« innerhalb der kommunistischen Weltbewegung festlegte.

Totò (1898–1967)   *48*

Italienischer Komödiant und Filmschauspieler.

Umberto II. (1902–1983)   *15, 51, 52*

König von Italien zwischen April 1944 bis zur Abdankung im ägyptischen Exil 1946, Sohn von Viktor Emanuel III. (1869–1947), der von 1900–1946 König von Italien war, 1922 Mussolini zum Ministerpräsidenten berief und ihn vor seiner Flucht zu den Alliierten wieder gefangennehmen ließ (25.7.1943).

Vanoni, Ezio (1903–1956)   *72*

Professor für Finanzwissenschaft und Politiker, Finanzminister im 3. Kabinett de Gasperis (1947/48), Finanz- und Budgetminister zwischen 1949 und 1954; Wirtschaftsminister im Kabinett Scelba (10.2.1954 bis 22.6.1955)

Zoli, Adone (1887–1960)   *68, 69*

Jurist, Politiker und Mitbegründer der *Democrazia Cristiana* (DC); unter Mussolini wegen antifaschistischer Tätigkeit zum Tode verurteilt; Flucht ins Exil; Justizminister unter de Gasperi (1951–53), Finanzminister im Kabinett Fanfani (18.1.1954 bis 9.2.1954); nach dem Tod de Gasperis im August 1954 Nachfolger im Vorsitz der DC; Ministerpräsident einer DC-Minderheitsregierung (19.5.1957 bis 19.6.1958).

Sachregister

Attualità *11, 47, 89*
Italienische Zeitschrift, die den »Montesi-Skandal« aufdeckte.

Bersaglieri *25*
Italienische Elitetruppe, im Krieg als Scharfschützen eingesetzt; ihr Kennzeichen ist ein breiter Filzhut mit Federbusch.

Brüsseler Konferenz *35*
Ergebnisloses Treffen der EVG-Partner (19.–21.8.1954) über insgesamt siebzig französische Änderungswünsche für die Europäische Verteidigungsgemeinschaft. Kurz darauf (30.8.1954) lehnt die französische Nationalversammlung mit 319 gegen 264 Stimmen den Vertrag über die EVG ab. Damit sind die mehr als zweijährigen Bemühungen um die Bildung einer europäischen Armee unter Einbeziehung der Bundesrepublik Deutschland fehlgeschlagen.

Carabinieri *73*
Italienische Polizeitruppe, Teil des Heeres.

Cinecittà *47, 54, 91*
Unter dem italienischen Faschismus errichtetes, 1937 eingeweihtes Gelände mit mehreren Filmstudios. Hier entstanden Teile von Viscontis *Belissimà* (1951) und Antonionis *La Signora senza camelie* (1952). Auch Hollywood nutzte das Filmgelände in den fünfziger und sechziger Jahren für aufwendige Produktionen wie *Ben-Hur* (1959) und *Cleopatra* (1962).

Corriere della Sera *22, 23*
In Mailand erscheinende Tageszeitung.

Democrazia Cristiana (DC) *11, 17, 19, 22, 28, 29, 36, 57, 63, 64, 67, 68, 69, 71, 72, 88, 100, 101, 104, 108*
Christlich-demokratische Partei; 1943 gegründet; seit Kriegsende in wechselnden Koalitionen bis zum Beginn der neunziger Jahre in nahezu jeder Regierung vertreten und stärkste politische Kraft in Italien. Die Entscheidung zur Auflösung der DC 1993 nach zahlreichen Korruptionsskandalen und schwerwiegenden Wahlniederlagen markierte das Ende einer politischen Ära. 1993 Neugründung als *Partito Popolare Italiano* (PPI).

Epoca *13*
Italienische Wochenzeitung, 1995 eingestellt.

EVG *23, 35, 36, 104*
Abkürzung für »Europäische Verteidigungsgemeinschaft«. Das Projekt der EVG, 1950 vom französischen Ministerpräsidenten René Pleven vorgeschlagen, sorgte bis zu seinem Scheitern im August 1954 für zahlreiche Kontroversen; es sollte den europäischen Integrationsprozeß fördern und gleichzeitig einen eigenständigen deutschen Verteidigungsbeitrag von vornherein verhindern. Die EVG sah die Zusammenfassung der nationalen Streitkräfte in einheitlicher Uniform unter einem europäischen Verteidigungsminister vor; der EVG-Vertrag wurde von den Benelux-Staaten, Italien und der Bundesrepublik gebilligt, scheiterte jedoch in der Pariser Nationalversammlung am 30.8.1954 an französischen Bedenken.

Formosa-Konflikt *42*
Bewaffnete Auseinandersetzung zwischen der Volksrepublik China und Formosa (heute: Taiwan) Ende 1954/1955. Am 2.9.1954 beschossen Truppenverbände der VR China von der Insel Amoy aus die von Formosa besetzte Insel Quemoy; Präsident Eisenhower gibt der 7. Flotte Befehl, jeden weiteren Angriff auf Formosa zu verhindern. Zwischen den USA und Formosa wird am 2.12.1954 ein gegenseitiges Verteidigungsabkommen geschlossen.

Irredentisten *25*
1877 geprägter Begriff für die nach der Einigung Italiens 1861 entstandene und vor allem von den Linksparteien getragene Bewegung, die die Gewinnung der *terre irredente*, d.h. der noch »unerlöst« verbliebenen Gebiete (Trient, Triest, Istrien, dalmatinische Küste), anstrebte.

Kominform *77*
Abkürzung für »Informationsbüro der kommunistischen Arbeiterparteien«. 1947 als Nachfolgeorganisation der Dritten Internationalen zur weltweiten Koordination der kommunistischen Parteien gegründet.

La Stampa *18*
In Turin erscheinende Tageszeitung.

Londoner Konferenz *22, 23*
Vom 27.9. bis zum 3.10.1952 dauernde Neunmächte-Konferenz der

Außenminister der USA, Großbritanniens, Frankreichs, Kanadas, Italiens, der Benelux-Länder und der Bundesrepublik Deutschland zur Aufhebung des Besatzungsstatus der BRD und ihrer Aufnahme in die NATO.

Montesi-Affäre *11, 14, 15, 16, 17, 19, 20, 21, 22, 28, 30, 45, 46, 48, 60, 89, 100, 101*

Der italienische Außenminister Attilio Piccioni erklärt am 18.9.1954 seinen Rücktritt und begründet ihn mit der Verwicklung seines Sohnes Piero in die »Affäre Wilma Montesi«. Am 11.4.1953 war die Leiche der 21jährigen Wilma Montesi am Strand von Ostia gefunden worden. Der Polizeipräsident von Rom, Saverio Polito, bezeichnete den Tod als Unglücksfall: Nach einem Fußbad im Meer sei die Frau ohnmächtig geworden und ertrunken. Während die Staatsanwaltschaft den Fall zu den Akten legt, recherchiert der Journalist Silvano Muto weiter und enthüllt in einem spektakulären Prozeß, daß Wilma Montesi nach einer Rauschgiftorgie auf dem Landgut des Grafen Ugo Montagna umgekommen sei. Die Aufklärung des Mordfalls erschüttert die italienische Öffentlichkeit und beschäftigt das Parlament. Auf Antrag der Linksparteien muß sich Ministerpräsident Giuseppe Pella (DC) am 30.9.1954 einer Vertrauensabstimmung stellen, die er übersteht.

Movimento Sociale Italiano (MSI) *28, 33, 35, 42, 57, 68, 70, 98*

(Neofaschistische) Italienische Soziale Bewegung. 1946 als Nachfolgeorganisation der verbotenen Nationalen Faschistischen Partei (PNF) gegründet.

Palatin *44*

Einer der Stadthügel Roms am Ostufer des Tiber, berühmt als die Stelle, wo die Stadt des Romulus und die Kaiserpaläste standen.

Palazzo Chigi *16, 18*

Seit 1961 Sitz des italienischen Ministerpräsidenten.

Palazzo Madama *52, 56, 92*

Seit 1871 Sitz des italienischen Senats.

Palazzo di Montecitorio *73, 93*

Seit 1870 Sitz der italienischen Abgeordnetenkammer.

Pariser Verträge *35, 36, 37, 38, 56, 63, 92, 103, 107*

Bezeichnen einen ganzen Komplex von Verträgen und Abkommen, die im Herbst 1954 (19.–23.10.) in Paris verhandelt und am

23. Oktober unterzeichnet wurden. Sie regeln die internationale Stellung der Bundesrepublik Deutschland nach dem Scheitern der Europäischen Verteidigungsgemeinschaft (EVG); am 29.1.1955 ratifiziert der Deutsche Bundestag gegen die Stimmen der SPD und trotz einer beachtlichen außerparlamentarischen Opposition die Pariser Verträge. Mit ihrem Inkrafttreten am 5.5.1955 erlangt die Bundesrepublik Deutschland ihre Souveränität; ausgenommen bleiben dabei die Sonderrechte der alliierten Truppen auf dem Boden der BRD, die Zuständigkeit der drei Westalliierten für Abrüstung und Entmilitarisierung, alliierte Vorbehalte in bezug auf Berlin, Deutschland als Ganzes, die Wiedervereinigung und ein Friedensvertrag.

Partito Comunista Italiano (PCI)   *10, 28, 29, 31, 32, 33, 39, 40, 62, 63, 64, 77, 98, 100, 101, 102, 103*
Kommunistische Partei Italiens. 1921 aus der Spaltung des linken Flügels des *Partito Socialista Italiano* hervorgegangen.

Partito Liberale Italiano (PLI)   *17, 43, 57, 68, 70, 104, 108*
Italienische Liberale Partei. Erste Gründung 1922. Reorganisation unter der Führung des Philosophen und Historikers Benedetto Croce 1944. Beeinflußte maßgeblich die Finanzpolitik der de Gasperi-Regierungen (1945–1953) durch Luigi Einaudi.

Partito Socialista Italiano (PSI)   *27, 43, 70, 97, 104, 108*
Sozialistische Partei Italiens, 1892 gegründet. Seit 1963 kontinuierlich als Koalitionspartner an der Regierung beteiligt.

Quirinal   *51, 66, 73, 74, 75, 93, 94*
Einer der sieben Hügel Roms mit dem Tempel des altrömischen Gottes Quirinus, den Thermen Diokletians und Konstantin des Großen. Der *Palazzo del Quirinale* war vom 16.–18. Jahrhundert Sommerresidenz der Päpste, von 1870–1946 Königlicher Palast und heute Sitz des italienischen Staatspräsidenten.

Risorgimento   *25*
Prozeß der Befreiung und Einigung Italiens als Königreich unter Führung der Casa di Savoia (1820–1870). Das Haus Savoyen herrschte ab 1720 im Königreich Piemonte und Sardegna und stellte 1861 mit Vittorio Emmanuele II. (1820–1878) den ersten König des wiedervereinten Italiens.

Triest-Abkommen   *10, 12, 13, 14, 17, 22, 42, 89*

Am 5.10.1954 kommt es zum Londoner Abkommen, das die Stadt Triest mit einer Zone A (westliches und nördliches Umland) an Italien zurückgab, während die verbleibende Zone B (Süden der Stadt) bei Jugoslawien verblieb. Bestätigung im November 1975 in einem italienisch-jugoslawischen Abkommen. Im Ersten Weltkrieg hatte Triest zu den Hauptkriegszielen Italiens gehört. Sein Erwerb 1919 wurde als Vollendung des Risorgimento angesehen. 1943 Besetzung durch deutsche Truppen; 1945 in der Hand von Titos Partisanen und bis zum Triest-Abkommen Streitobjekt zwischen Italien und Jugoslawien.

Unità   *29, 37, 77*

Tageszeitung des *Partito Comunista Italiano*.

SERIE
PIPER

Eva Demski

Das Narrenhaus
Roman. 448 Seiten. SP 2685

Das vierzehnstöckige Narrenhaus ist ein Hochhaus am Rand einer Stadt. Dort wohnt alles, was sonst keinen Platz findet und Miete zahlen kann. Eine bunte Gesellschaft, Eigentümer und Mieter, Wessis und Ossis, Gutsituierte, Problemfälle, letztere vom Sozialamt eingemietet. Eva Demski erzählt die tragischen, komischen und verrückten Lebensgeschichten der Bewohner dieses Hauses. Vierzehn Stockwerke zählt das Narrenhaus, und jede Etage hat ihre verrückten, tragischen und komischen Geschichten. Dieses Hochhaus am Rand einer großen Stadt ist ein übereinandergetürmtes Dorf, eine Festung, ein biographischer Ankerplatz, wie eine Bühne für unterschiedlichste Stücke in wechselnder Besetzung. Hier wohnen Eigenbrötler, alte Witwen, Transvestiten, der einbeinige Christian und die Hausmeisterin Sybille Heisterberg, die die Anarchie zu kontrollieren versucht. Im Keller wohnt der Erzähler, ein alter Requisiteur und Stöberer. Den ersten Stock wiederum beherrscht ganz Mafalda Trautwein, die alle, außer dem Erzähler, für ein Gottesgeschenk halten. Souverän und elegant erzählt Eva Demski die großen und kleinen Geschichten der verschiedenen Hausbewohner und fädelt ganz nebenbei ein halbes Jahrhundert deutsche Geschichte auf – ein Zeit- und Gesellschaftspanorama mit Witz und Spott.

»Eva Demski gelang eine Satire auf die närrischen Eigenschaften ihrer Zeitgenossen, überreich an Einzelheiten und pointensicher.«
Süddeutsche Zeitung

Sten Nadolny

Die Entdeckung der Langsamkeit
Roman. 359 Seiten. SP 700

»Dieses Buch kommt, scheint's zur richtigen Zeit. Nadolnys heute ganz ungewöhnliche ruhige Gegenposition im gehetzten Betrieb der Politiker und Literaten hat etwas Haltgebendes und unangestrengt Humanes.«
Der Tagesspiegel

Netzkarte
Roman. 164 Seiten. SP 1370

»So unterschiedlich die Hauptdarsteller in seinen Büchern auch sind, eines verbindet sie: der besondere Blick auf das kleine Abenteuer und das große Erleben... Das Staunenkönnen zeichnet Sten Nadolnys Helden wie ihn selber aus, und er lehrt es seinen Lesern neu.«
FAZmagazin

Ein Gott der Frechheit
Roman. 288 Seiten. SP 2273

»...Jenseits der tradierten Heldengeschichten vom Götterboten Hermes spinnt Nadolny seine Handlungsfäden zu einer amüsanten göttlichen Komödie unserer neunziger Jahre weiter. Mit Hermes begreifen wir die politischen Veränderungen in Osteuropa ganz anders. Es ist der Blick des Fremden, der uns unsere unmittelbare deutsche Gegenwart mit neuen Augen sehen läßt.«
Focus

Selim oder Die Gabe der Rede
Roman. 502 Seiten. SP 730

Das Erzählen und die guten Absichten
Münchner Poetikvorlesungen im Sommer 1990, eingeleitet von Wolfgang Frühwald.
136 Seiten. SP 1319

Neben den intuitiv-schöpferischen Kräften, die dem romantischen Bild des Dichters entsprechen, interessiert ihn ganz besonders die Rolle der bewußten, logisch begründbaren Erzählziele. Dementsprechend zieht er sich bei seiner Abwehr »guter Absichten« nicht hinter die unangreifbare Forderung nach schöpferischer Souveränität zurück.

SERIE PIPER

Lesen bildet
Meinung.
Mit uns
garantiert.
Frankfurter Rundschau
Unabhängige Tageszeitung
Die Zeitung zwei Wochen
zum Nulltarif.
☎ 08 00/8 666 8 66